MÉMOIRE

SUR

LES RÈGLEMENTS D'EAU

POUR SERVIR DANS LA DISCUSSION DU PROJET DU CODE RURAL

ET PARTICULIÈREMENT

POUR ÉCLAIRER LE POURVOI FORMÉ DEVANT LE CONSEIL D'ÉTAT CONTRE LE RÈGLEMENT DU MOULIN

DE COURCHAPON (DOUBS).

PAR HENRI DE LAGÉNARDIÈRE.

CHALON-SUR-SAONE,
IMPRIMERIE DE J. DEJUSSIEU, RUE DES TONNELIERS, N° 5.
1860.

MÉMOIRE

SUR

LES RÈGLEMENTS D'EAU

POUR SERVIR DANS LA DISCUSSION DU PROJET DU CODE RURAL,

ET PARTICULIÈREMENT

POUR ÉCLAIRER LE POURVOI FORMÉ DEVANT LE CONSEIL D'ÉTAT
CONTRE LE RÈGLEMENT DU MOULIN

DE COURCHAPON (DOUBS).

PAR HENRI DE LAGÉNARDIÈRE.

CHALON-SUR-SAONE,

IMPRIMERIE DE J. DEJUSSIEU, RUE DES TONNELIERS, N° 5.

1860.

PREMIÈRE PARTIE.

Commentaire des lois que l'administration invoque à l'appui de son règlement d'eau.

ARTICLE 1er.

CONDAMNATION DES PRINCIPES DE L'ADMINISTRATION PAR L'ARRÊTÉ DU DIRECTOIRE DU 19 VENTÔSE AN VI.

Je lis dans l'avis ministériel:

« *Pour justifier l'exercice du pouvoir réglementaire que* » *l'administration tient des lois des 20 août 1790, 6 octobre* » *1791 et 9 mars 1798, il suffisait d'établir, comme il a* » *été fait, que, dans son état actuel, les barrages nui-* » *saient aux propriétés riveraines.* »

M. le ministre est dans l'erreur: la loi du 9 mars 1798 ou, pour parler plus exactement, l'arrêté du Directoire du 19 ventôse an VI qui commente l'instruction législative du 20 août 1790 et la loi de 1791 sur la police rurale, donne à ces lois une toute autre signification.

« Considérant, disait cet arrêté, qu'au mépris des lois ci- » dessus (1) les rivières navigables et flottables, les canaux » d'irrigation et de dessèchement, *tant publics que privés,* » sont, dans la plupart des départements de la République, » obstrués par des batardeaux, écluses, etc... »

(1) L'arrêté rappelle aussi les lois et ordonnances relatives aux cours d'eau du domaine public.

« Considérant que, pour éviter ces inconvénients, il ne » s'agit que de rappeler aux autorités constituées et aux » citoyens les lois existantes sur cette matière..., ordonne » que les lois ci-dessus transcrites seront exécutées selon » leur forme et teneur, et, en conséquence, arrête ce qui » suit :

» Art. IX. Il est enjoint aux administrations centrales » et municipales et au commissaire du directoire exécutif » établi près d'elles de veiller avec la plus sévère exac- » titude à ce qu'il ne soit établi par la suite aucun pont » aucune chaussée, aucune usine ou écluse... etc., dans les » rivières navigables et flottables, dans les canaux d'irri- » gation ou de dessèchement généraux sans en avoir » préalablement obtenu la permission de l'administration » centrale..., etc. »

Voilà pour les rivières consacrées à la navigation ou au flottage. Maintenant en ce qui concerne celles qui ne servent qu'à des usages privés, voici comment s'exprime l'arrêté du 19 ventôse :

Art. XI. « Les propriétaires des canaux de dessèche- » ment ou d'irrigation particuliers ayant à cet égard *les* » *mêmes droits que la nation*, il leur est réservé de se » pourvoir EN JUSTICE RÉGLÉE pour obtenir la démolition » de toutes usines, écluses, batardeaux, pêcheries, gords, » chaussées, plantations d'arbres, filets dormants ou à » mailles ferrées, réservoirs, engins, lavoirs, abreuvoirs, » prises d'eau et généralement de toute construction » nuisible au libre cours de l'eau et non fondée en droit. »

Il est à remarquer que c'est par respect pour le droit de propriété des riverains et pour mieux faire comprendre qu'en droit une rivière non-navigable perd même ce nom trop générique pour mieux s'identifier avec les propriétés riveraines dont elle fait partie par droit d'accession; que l'arrêté se sert de ces expressions: *canaux de dessèchement* ou *d'irrigations particuliers,* comme il appelle les bras non-navigables des rivières sur lesquelles la navigation est établie et qui, comme elles, appartiennent à l'État: *canaux d'irrigation et de dessèchement généraux* (1).

Il est facile de voir (ART. XIII) que quand il s'agit de canaux creusés de main d'homme, l'arrêté les appelle canaux *artificiels*, pour les distinguer des canaux naturels.

Est-ce clair, et l'incompétence de l'autorité administrative pour régler *définitivement* la hauteur des eaux de mon moulin est-elle assez formellement établie par les lois qu'invoque M. le ministre à l'appui de la mesure qui fait l'objet de mon pourvoi?

ARTICLE II.

QUE L'ADMINISTRATION NE PEUT FAIRE EN VERTU DES LOIS DE 1790 ET 1791 QU'UN RÈGLEMENT DE CONCILIATION.

Quels qu'aient été jusqu'ici les errements de la jurisprudence administrative, le conseil d'État, évidemment, ne saurait aujourd'hui se ranger de l'avis de M. le ministre, quand il prétend que l'arrêté préfectoral qui règle les eaux du moulin de Courchapon ne fait que se conformer aux prescriptions de l'article **16** de la loi du **6** octobre **1791**.

(1) De tout temps ces bras ont fait partie du domaine public, ainsi que le reconnaissait déjà, en 1691, un arrêt du conseil, et ainsi que l'ont confirmé des arrêts du 11 février 1831 et du 18 mai 1816.

Si l'arrêté du Directoire du 19 ventôse an VI dit que, conformément aux lois du 20 août 1790 et 6 octobre 1791, les riverains doivent se pourvoir en *justice réglée*, c'est-à-dire devant les tribunaux civils, c'est d'abord parce qu'après avoir défendu aux administrations de département de faire des règlements, la loi du 20 août 1790 les charge seulement (chap. VI) de *rechercher* et d'*indiquer* la meilleure direction à donner aux eaux.

Et, par le fait, il aurait été absurde que la loi qui dit (chap. I) : « Les administrations de département ne pour« ront faire ni décret, ni ordonnance, *ni règlement*, » chargeât les mêmes administrations de disposer discrétionnairement des eaux.

Il est bien vrai que l'article 16 de la loi du 6 octobre 1791 dit « *que les propriétaires de moulins..., etc., seront* » *forcés de tenir les eaux à une hauteur qui sera fixée par* » *le directoire de département* (aujourd'hui le préfet). » Mais comme cet administrateur ne doit agir en pareil cas que sous la réserve des droits de chacun, puisqu'il ne peut pas procéder par voie de règlement d'administration publique, il faut prendre garde de donner à ce terme *sera fixée* une signification qu'il ne saurait avoir.

Oui, sans doute, la hauteur des eaux peut être fixée par le préfet, mais à la condition seulement que ses propositions auront obtenu l'assentiment des parties, et on va voir que si l'autorité administrative ne peut pas imposer sa volonté aux riverains, c'est parce que le système *res nullius* n'est pas applicable aux eaux courantes non domaniales.

ARTICLE III.

INCOMPATIBILITÉ DU SYSTÈME DES NULLIUS AVEC NOS INSTITUTIONS MODERNES.

Il est bien évident que si la loi de 1791 avait donné à l'administration un pouvoir discrétionnaire sur les eaux, elle serait en opposition directe avec le code Napoléon, qui charge (ART. 645) les tribunaux de prononcer sur les contestations auxquelles peut donner lieu l'emploi de l'eau courante, *autre*, dit l'article 644, *que celle qui est déclarée dépendance du domaine public par l'article 538.*

Mais comme ce dernier article est ainsi conçu : « Les » fleuves et rivières navigables ou flottables, les....., et » généralement *toutes les portions du territoire français qui* » *ne sont pas susceptibles d'une propriété privée*, sont con- » sidérées comme des dépendances du domaine public, » il faut bien admettre que les eaux dont parle l'article 644 appartiennent aux riverains, car si elles n'étaient pas susceptibles de propriété elles feraient, comme les rivières navigables, partie du domaine de l'État, et l'article 645 ne pourrait pas donner aux tribunaux mission d'en régler l'emploi.

L'article 538 n'étant au reste que la reproduction textuelle de l'article 2 de la loi du 1er décembre 1790 sur la reconnaissance des domaines nationaux, il est facile de voir qu'après l'abolition du régime féodal, comme à l'époque de la confection du code Napoléon, nos législateurs étaient pénétrés de cette idée que, pour être libres, les biens ruraux, dont les cours d'eau non-navigables font aussi bien partie que les rivières consacrées à la navigation, ne devaient pas avoir deux maîtres, et que, pour éviter cet inconvénient, il fallait supprimer et non transmettre à l'Etat le droit anciennement connu sous le nom de *domaine direct* ou de *supériorité du seigneur*.

Puis, pour éviter les fâcheuses conséquences de la suppression de ce domaine, nos législateurs pensaient encore avec raison qu'il fallait attribuer à l'Etat la propriété de tous les biens qui ne pouvaient, sans danger pour l'ordre social, être enlevés à la surveillance du gouvernement ; mais qu'il convenait de laisser à l'entière disposition des particuliers ceux dont les abus pouvaient être réprimés par la voie ordinaire des tribunaux.

Or l'arrêté du 19 ventôse, en renvoyant les riverains des cours d'eau non-navigables se pourvoir *en justice réglée*, interprétait la loi du 1er décembre 1790 exactement de la même manière que l'article 645 interprète l'article 538, en chargeant les tribunaux de prononcer sur les contestations auxquelles peut donner lieu l'emploi des eaux qui ne sont pas attribuées par cet article au domaine public.

Il n'y a donc plus d'eaux communes ou *nullius* (1), il n'y a plus que des eaux publiques et des eaux privées.

(1) Je ferai d'ailleurs remarquer que l'article 714, qu'invoque souvent l'administration à l'appui de ses prétentions, n'a trait qu'à certains objets mobiliers qui peuvent avoir été laissés par la loi dans une espèce de communauté sans affecter le grand principe de l'affranchissement de la propriété territoriale à laquelle, comme je l'ai déjà dit, les rivières non-navigables sont unies par droit d'accession. Je dois ajouter que cet article n'existait pas dans la première rédaction du code, et qu'il n'y fut ajouté que sur une observation de la Cour de Paris, concernant certains objets mobiliers et nullement les cours d'eau.

Or une rivière est publique, non quand elle peut servir à beaucoup de monde, mais seulement quand tout le monde peut s'en servir.

Ainsi cette circonstance qu'un cours d'eau parcourt un grand nombre de propriétés ne saurait empêcher le riverain dont il traverse l'héritage de le diriger comme il l'entend dans l'intérieur de son domaine et d'en défendre, si bon lui semble, l'accès au public : l'article 644 du code Napoléon lui donne ce droit ; tandis que cette circonstance, que tout le monde peut se servir d'une rivière comme dans le cas où elle est navigable, devient un obstacle à ce que le riverain puisse l'enclore dans sa propriété.

ARTICLE IV.

QUE L'ADMINISTRATION CHERCHE LA RAISON DE SON POUVOIR PRÉCISÉMENT DANS LA LOI QUI LE RESTREINT LE PLUS.

La loi de 1791 *(et il faut avouer que l'administration est aujourd'hui assez mal inspirée d'invoquer une loi si contraire à ses prétentions)* ; la loi de 1791 oubliant, dis-je, la sage distinction dont je viens de parler, allait même jusqu'à accorder (art. 4 du titre 1er), aux riverains des cours d'eau navigables ou flottables, la faculté d'y faire des prises d'eau en vertu *du droit commun*.

C'était-là méconnaître complètement la protection due aux intérêts publics, car l'administration ne doit pas plus être embarrassée dans des considérations de propriété pour la conservation des voies navigables que les riverains ne doivent être gênés par d'autres considérations que celles de droit commun, là où la navigation n'existe pas.

Aussi cette fâcheuse concession de la loi de 1791 inspirait-elle très-justement au tribun Gillet les réflexions suivantes, quand il présentait à la sanction du Corps législatif le chapitre des servitudes et services fonciers:

« Vous trouverez, disait ce législateur, une amélioration importante en faveur de l'ordre dans l'article 538. » Le code rural de 1791 avait permis à tout propriétaire » riverain de faire des prises d'eau sur les fleuves et rivières » navigables et flottables, et cela sous ombre que nul ne » peut s'en prétendre propriétaire exclusif. On ne sentait » pas assez alors que les choses destinées à l'utilité géné» rale ont un véritable maître, qui exclut toute occupation » individuelle et privée, et ce propriétaire est le domaine » public. Le code a très-sagement pourvu à faire respecter » désormais un principe que notre ancienne législation avait » consacré et dont la suspension momentanée a produit » une multitude d'entreprises abusives. »

Or, qui ne sera frappé de l'étrange manière dont on interprète actuellement notre législation. Comment! c'est en vertu d'une loi contre laquelle elle avait peine anciennement à défendre ses droits pour la conservation des voies navigables que l'administration prétend aujourd'hui disposer comme elle l'entend des eaux qui ne sont consacrées qu'à des usages privés!

Cela nous rappelle cette réflexion de Montesquieu: « *L'esprit humain est comme un paysan ivre à cheval. On* » *le redresse d'un côté et aussitôt il se met à pencher* » *de l'autre.* »

Mais n'est-il pas triste de penser que cette réflexion peut s'appliquer à une chose aussi grave que la législation, et que le peuple qui vit à l'ombre de nos lois est exposé à voir ses intérêts les plus chers remis à chaque instant en question par un revirement dans l'appréciation de la loi !

Toujours est-il que l'Assemblée nationale aurait commis la plus absurde des contradictions si, après avoir admis par l'article 4 de la loi de 1791 les riverains des cours d'eau navigables et, à plus forte raison, ceux des rivières non-navigables à jouir des eaux en vertu *du droit commun*, elle avait chargé, par l'article 16 de la même loi, le directoire de département (aujourd'hui le préfet) de fixer *discrétionnairement* le niveau des eaux possédées en vertu de ce droit.

ARTICLE V.

QUE L'ADMINISTRATION NE SAURAIT TROUVER AUCUN POUVOIR NOUVEAU DANS LE DÉCRET DE DÉCENTRALISATION DE 1852.

Il est vrai que le décret de décentralisation du 25 mars 1852 est ainsi conçu :

« Les préfets statueront également sans l'autorisation » du ministre des travaux publics, mais sur l'avis ou la » proposition des ingénieurs en chef et conformément aux » règlements et instructions ministérielles sur tous les » objets mentionnés dans le tableau D ci-annexé.

» Tableau D... 3° Autorisation sur les cours d'eau non » navigables ni flottables de tous établissements, tels que » moulin, usine, barrage, prises d'eau d'irrigation..., etc. ; » 4° régularisation de l'existence des établissements lors» qu'ils ne sont pas encore pourvus d'autorisation régulière » ou modification des règlements déjà existants. »

Il est vrai d'ajouter que les décrets impériaux ont force

de loi, mais ce qu'il ne faut pas oublier c'est que celui de 1852 n'a eu pour but que de décentraliser l'action administrative ; or, comme l'administration centrale ne pouvait pas transmettre un pouvoir qu'elle n'avait pas, comme les lois qu'elle invoque prononcent contre elle, il est évident qu'il n'y a rien à décentraliser et que le décret de 1852 reste sans valeur devant le commentaire que l'arrêté du 19 ventôse an VI, tout empreint encore de l'esprit dans lequel elles ont été votées, nous donne des lois du 20 août 1790 et du 6 octobre 1791.

Cette dernière loi chargeait l'autorité départementale et non le gouvernement de fixer la hauteur des eaux, en sorte que celui-ci ne pouvait rien ajouter à la mission du préfet. D'ailleurs je ferai observer qu'aujourd'hui même, que le décret du 25 mars 1852 a décentralisé l'action administrative, la loi ne pourrait pas accorder à l'autorité départementale le pouvoir d'agir par voie de règlement d'administration publique, parce qu'en lui donnant ce pouvoir elle ferait de tous les préfets autant de petits souverains indépendants.

Seulement le gouvernement peut, lorsque la loi l'autorise à prendre une mesure d'ordre public, déléguer une partie de son autorité à ses agents, en se réservant, bien entendu, la faculté de contrôler leurs actes et de prononcer sur les réclamations que ces actes pourraient soulever.

C'est ainsi que les préfets peuvent prendre des arrêtés relatifs au curage; ils y sont autorisés par le décret de décentralisation, et le gouvernement ne fait que leur déléguer une partie du pouvoir qu'il tient de la loi du 14 floréal an XI, ainsi conçue :

« Il y sera pourvu (au curage) par le gouvernement dans

» un règlement d'administration publique rendu *sur la* » *proposition* du préfet. »

Il est bien évident que le pouvoir de l'autorité centrale n'existerait plus et que celle du préfet ne serait plus de même nature si la loi du 14 floréal, au lieu d'être conçue dans les termes que je viens de citer, avait été rédigée dans le même sens que l'article 16 de la loi de 1791.

ARTICLE VI.

D'OU VIENT QUE LES MESURES RELATIVES AU CURAGE ET CELLES QUI ONT POUR BUT DE FIXER LE NIVEAU DES EAUX NE SAURAIENT ÊTRE ORDONNÉES PAR LA MÊME AUTORITÉ.

Si on veut bien faire attention que l'administration, quand elle se contente, comme elle doit le faire, d'ordonner un curage à vieux bords et à vif fond (1), ne porte aucune atteinte au droit de propriété des riverains, parce qu'alors elle ne modifie point le mode de jouissance des eaux et ne fait qu'organiser les moyens de conservation de cette nature de propriété, on comprend qu'elle soit compétente pour ordonner un travail qui demande à être exécuté avec ensemble.

Mais il n'en est point ainsi du règlement qui a pour but de déterminer la hauteur des eaux, parce que l'exploitation des rivières qui ne sont consacrées qu'à des usages privés est aujourd'hui dans le commerce.

Dès lors, quand elle prend des mesures relatives au curage, l'administration n'a pas besoin de réserver les

(1) Le redressement et l'élargissement d'une rivière sont des mesures qui ne peuvent être prises en vertu de la loi du 14 floréal an XI.

droits des tiers, et c'est là une condition indispensable pour justifier son pouvoir discrétionnaire, car il est bien évident que cette réserve aurait inévitablement pour effet de soumettre le règlement lui-même aux convenances des parties ou aux décisions de l'autorité judiciaire.

Tel est pourtant l'état actuel de la jurisprudence de l'autorité administrative, qu'elle donne à tous ses règlements d'eau la forme et la valeur d'un règlement d'administration publique et réserve malgré cela les droits des tiers. Or, comment ne s'aperçoit-on pas de la monstrueuse anomalie qui résulte de cette composition? L'administration peut-elle donc oublier que si les tribunaux n'ont pas le droit de modifier l'état de choses qu'elle établit par voie de règlement général, ils n'ont pas le droit non plus de faire allouer une indemnité à la partie lésée par celui ou ceux à qui profite le règlement, parce que l'expropriation pour cause d'utilité privée n'est pas admise en droit, c'est-à-dire que, de particulier à particulier, le droit de propriété ne peut jamais se résoudre en un droit à une indemnité?

En principe, un règlement d'administration publique doit toujours être pris en dehors de la sphère où s'agitent les intérêts privés; car, si par malheur il porte sur des objets qui sont réellement susceptibles d'appropriation, le droit est sacrifié, attendu qu'en justice un règlement de pure administration est réputé *fait du prince* et ne donne lieu à aucune garantie.

ARTICLE VII.

DE LA PRÉTENTION QU'A L'ADMINISTRATION DE FAIRE CONSIDÉRER SES RÈGLEMENTS D'EAU COMME NON SUSCEPTIBLES D'ÊTRE ATTAQUÉS PAR LA VOIE CONTENTIEUSE.

On vient de voir que, dans un arrêté relatif au curage, le préfet n'a pas besoin de réserver les droits des tiers, parce que les riverains ne sauraient élever des prétentions de propriété à propos d'une mesure qui n'a pas pour effet de modifier leur mode de jouissance des eaux, c'est-à-dire de toucher aux ouvrages d'art qu'ils possèdent en lit de rivière. Malgré cela, le pouvoir de l'administration n'est pas discrétionnaire et les mesures que nécessitent le curage peuvent encore être l'objet d'un recours par la voie contentieuse administrative.

« Toutes les contestations, dit l'article 4 de la loi de » floréal an XI, relatives au recouvrement des rôles, aux » réclamations des individus imposés et à la confection » des travaux, seront portées devant le conseil de préfec- » ture, sauf recours au gouvernement, qui décidera en » conseil d'Etat. »

Eh bien! n'est-ce pas le cas de dénoncer à la sagesse de l'Empereur et à la prudence du conseil d'Etat l'abus sans contredit le plus criant que l'autorité administrative ait jamais fait du texte de nos lois?

Comment! pendant qu'une mesure de police (celle du curage), qui n'affecte en rien le mode de jouissance des riverains, est susceptible d'appel par la voie contentieuse, une autre mesure (le règlement d'eau), qui peut modifier profondément l'état de choses établi, ne donnerait droit qu'à une réclamation par la voie gracieuse; c'est-à-dire que l'administration départementale, à qui la loi de 1790 défend de faire des règlements, aurait été nantie par la loi de 1791 d'un pouvoir plus absolu que l'administration centrale, qui, elle au contraire, ne peut procéder, suivant l'esprit de nos institutions modernes, que par voie de règlement d'administration publique !

Jamais, évidemment, pareille anomalie n'a pu être signalée dans l'interprétation de nos lois. Aussi quand je lis, au sujet de mon pourvoi, dans l'avis de M. le ministre.

« *L'arrêté préfectoral auquel ma décision précitée a servi* » *de base, ayant été rendu dans les limites des attributions con-* » *férées aux préfets pour l'application des lois ci-dessus* » *rappelées* (celles de 1790 et 1791), *ne peut pas être* » *attaqué par la voie contentieuse.* »

Il me suffit d'opposer à cette prétention les paroles si sages que Napoléon Ier adressait en 1810 à son conseil d'État pour soutenir que, non seulement l'affaire est contentieuse, mais encore est exclusivement de la compétence des tribunaux civils.

Il n'y a, disait l'Empereur, de propriété et de liberté que par la garantie qu'offrent les tribunaux. Le recours au conseil d'État est loin d'offrir une garantie suffisante. C'est parce qu'on renvoie aux tribunaux toutes les questions de propriété, qu'en France la propriété est respectée. Tout citoyen a qui l'on fait tort, doit pouvoir se plaindre, non pas a l'administration, où la faveur peut beaucoup, qu'on n'aborde que difficilement, qui vérifie les faits comme il lui convient et ne décide point ou décide suivant son bon plaisir, mais aux tribu-

NAUX AUPRÈS DESQUELS TOUS ONT ACCÈS, OÙ L'ON TROUVE DES DÉFENSEURS, DES FORMES PROTECTRICES, UN EXAMEN RÉGULIER, UN JUGEMENT, DES FORMES INVARIABLES. VOYEZ LE STYLE HUMBLE ET SUPPLIANT D'UNE PÉTITION ET LE STYLE FERME D'UNE REQUÊTE, ET VOUS COMPRENDREZ LA DIFFÉRENCE. UN PÉTITIONNAIRE CROIT SOLLICITER UNE GRACE, UN PLAIDEUR A LA CONSCIENCE QU'IL USE DE SON DROIT. ON NE JOUIT PAS DE LA LIBERTÉ CIVILE DANS TOUT ÉTAT OU CELUI EN LA PERSONNE DUQUEL LA LOI A ÉTÉ VIOLÉE, FUT-CE PAR UN MINISTRE, NE PEUT PAS SE PLAINDRE AUX TRIBUNAUX. *(Paroles citées par Daviel, 5e édit., t. III, p. 468.)*

Je ne devrais rien avoir à ajouter à une opinion si grave, devant laquelle s'inclinera, je n'en doute pas, le conseil d'État ; mais pourtant il ne me semble pas inutile de poursuivre jusqu'au bout la tâche que j'ai entreprise de démontrer comment l'intérêt général et l'intérêt privé peuvent être protégés sans conflit d'attribution des autorités administratives et judiciaires sur les rivières du domaine des riverains.

La loi, sainement entendue, sainement interprétée, a, comme on va le voir, des garanties pour tous les droits : *Nos scimus, quia lex bona est, modò quis eâ utatur legitimè.*

ARTICLE VIII.

DIFFÉRENCE ENTRE LES RÈGLEMENTS FAITS DANS L'INTÉRÊT DES PROPRIÉTÉS RIVERAINES ET CEUX FAITS DANS UN BUT DE SALUBRITÉ.

L'article 686 du code étant ainsi conçu :

« Il est permis aux propriétaires d'établir sur leurs pro» priétés, ou en faveur de leurs propriétés, *telles servitudes*

» *que bon leur semble*, pourvu néanmoins que les servitudes » établies ne soient imposées ni à la personne ni en faveur » de la personne, mais seulement à un fonds et pour un » fonds. »

Il est bien clair qu'en vertu de cet article l'inondation est dans le commerce, c'est-à-dire doit rester soumise à l'action judiciaire jusqu'au point où elle devient une cause d'insalubrité pour le pays. L'insalubrité, en effet, affecte les personnes, et ne peut plus être permise depuis l'abolition de la servitude personnelle.

Dès-lors il semble que le règlement à faire dans un but de salubrité pourrait être considéré comme une mesure d'ordre public, et, à ce titre, être confié à l'administration. Mais comme l'article 9 du titre Ier de la loi du 6 octobre 1791 dit seulement : « *Les officiers municipaux veilleront* » *à la salubrité des campagnes*, » et comme aucune loi ne charge le gouvernement d'intervenir par voie de règlement d'administration publique dans l'intérêt de la salubrité (l'article 16 de cette loi de 1791 n'ayant d'autre but que de faire cesser le dommage causé par l'inondation aux terres riveraines), il s'ensuit que, quand un conseil municipal a reconnu, par une délibération, que l'inondation rend le pays malsain, il ne peut obtenir réparation que par la voie des tribunaux, qui, faisant application de l'article 686 du code Napoléon, peuvent ordonner la destruction des ouvrages nuisibles.

L'inconvénient qu'il y a de ne pas pouvoir s'adresser à l'administration, c'est que vis-à-vis de l'autorité judiciaire on ne peut jamais se prévaloir de l'imprescriptibilité, et que si pendant trente ans le conseil d'une commune a négligé de se plaindre, il n'a plus que la ressource de l'indemnité pour faire cesser ce fâcheux état de choses.

Mais c'est une question de savoir si le législateur a bien ou mal fait de laisser dans le domaine de l'autorité judiciaire les réglements à faire dans un but de salubrité.

L'espace de 30 ans pour faire disparaître la cause d'un fléau, quand même il atteindrait les proportions d'un désastre public, n'est-il pas suffisant? et y a-t-il plus d'avantage à laisser éternellement une épée de Damoclès suspendue sur la tête des propriétaires d'étangs, réservoirs, pièces d'eau, etc., qu'à stimuler par l'échéance d'un délai l'énergie des populations, pour faire disparaître promptement tout ce que peut produire de fâcheux pour l'ordre social l'exercice du droit de propriété? C'est une question que je traite à fond dans l'ouvrage actuellement sous presse : De la Condition des Eaux navigables et non-navigables, depuis l'abolition du régime féodal, mais que je ne puis qu'indiquer dans cet aperçu rapide de notre législation.

Je me contenterai donc de démontrer ici que les commentateurs de nos lois, qui croient voir établie, dans la loi du 11 septembre 1792, la compétence de l'autorité administrative pour faire cesser l'insalubrité résultant de la stagnation des eaux, sont complètement dans l'erreur.

Cette loi, en effet, est ainsi conçue :

« Lorsque des étangs, d'après les avis et procès-verbaux » des gens de l'art, pourront occasionner, par la stagnation » de leurs eaux, des maladies épidémiques ou épizootiques, » les conseils généraux de département sont autorisés à

» en ordonner la destruction sur la demande formelle des » conseils généraux des communes. »

Bien que cette loi ne parle que des étangs, elle ne serait certainement pas inapplicable aux ouvrages d'art qui produisent, dans le voisinage des rivières, des inondations de nature à nuire à la santé publique; car, à vrai dire, les eaux stagnantes peuvent seules produire cet effet, et ce n'est, sur les faibles cours d'eau, que lorsque le bief d'une usine forme un large réservoir ou étang, et, sur les rivières plus importantes, que lorsque des parties de terrain se trouvent en contrebas de la retenue et qu'une certaine quantité d'eau n'a plus d'issue quand la rivière rentre dans son lit, que l'insalubrité est à craindre. Mais ce qu'il faut bien remarquer, c'est que la loi de 1792 ne donne aucune espèce de pouvoir à l'administration et confie le soin d'ordonner les mesures de salubrité aux conseils généraux de département.

Cette loi, en effet, dit que quand les gens de l'art auront reconnu dans l'existence d'un étang une cause d'insalubrité, le conseil général de la commune pourra demander au conseil général du département, et celui-ci ordonner la destruction des ouvrages de nature à rendre les eaux stagnantes et malsaines.

Mais une chose très-importante à observer, c'est que la délibération doit être prise non en conseil municipal, mais en conseil général de la commune.

Or, qu'appelait-on en 1792 *conseil général de la commune?* la loi du 20 août 1790 nous l'apprend par le passage suivant :

« Les corps municipaux emploieront dans leurs lettres » et leurs autres actes cette formule : *les officiers muni-*

» *cipaux de la commune de...*, et, lorsqu'ils délibéreront » avec les notables en conseil général, ils se serviront de » celle-ci : *les membres composant le conseil général de la* » *commune de...*, etc. »

Pourquoi la loi de 1792 exige-t-elle la réunion des notables de la commune? Est-ce donc pour dire que l'étang est malsain? non évidemment, puisque cette mission est confiée aux gens de l'art. Est-ce pour faire considérer le dessèchement comme une mesure d'utilité générale? Mais, dans notre organisation sociale, la décision d'un conseil municipal suffit pour donner à l'objet de sa délibération un caractère d'intérêt public, quand cette décision n'a pas pour objet de grever la commune d'un impôt.

Ce qu'il est vrai de dire, c'est qu'à cette époque comme aujourd'hui, les notables ou plus imposés ne pouvaient être convoqués que pour délibérer sur les questions qui devaient avoir pour effet de mettre à la charge de la commune un impôt nouveau, et que le législateur n'exigeait leur concours dans la délibération relative au dessèchement des étangs que parce qu'on ne pouvait arriver à ce but qu'en indemnisant les propriétaires du préjudice que devait leur causer ce changement de destination de leur propriété.

M. Reverchon, dans une notice fort intéressante, où il s'applique à démontrer la nécessité de cette indemnité, s'étonne et semble regretter que la proposition faite par le représentant Labergerie de stipuler dans la loi de 1792 le droit des propriétaires d'étangs à une indemnité, n'ait pas été adoptée.

Je trouve aussi que l'absence de cette stipulation est

regrettable, non pas qu'elle eût rien ajouté aux droits des propriétaires d'étangs, mais parce qu'elle eût rendu plus intelligible une loi qu'on n'apprécie bien que quand on fait attention au caractère de l'autorité chargée de son exécution.

Comme il n'a jamais été et n'a jamais pu être dans les attributions des conseils généraux de département de procéder par voie de règlement d'administration publique, on reconnaît, en y réfléchissant, que leur intervention dans la loi de 1792 est une garantie donnée à la propriété en même temps qu'une mesure d'économie (1).

Cette loi n'est, à proprement parler, qu'une loi d'expropriation aux formes expéditives et peu coûteuses.

Oh! si la loi avait été conçue en ces termes: *le gouvernement pourra, sur l'avis des gens de l'art et sur la demande formelle des conseils municipaux, ordonner le desséchement des étangs par un décret rendu* EN LA FORME DES RÈGLEMENTS D'ADMINISTRATION PUBLIQUE, il est bien certain que cette formule aurait exclu toute prétention des propriétaires d'étangs à une indemnité; mais la loi aurait commis une injustice criante, car, avant l'abolition de la servitude personnelle, la formation des étangs était non-seulement de droit public en France et reconnue par les coutumes, mais encore encouragée et protégée par une foule d'édits ou ordonnances, sans aucune réserve relative à la salubrité.

Aussi ne puis-je m'empêcher de faire ressortir ce qu'il y

(1) L'envahissement du pouvoir administratif a singulièrement restreint les fonctions de ces conseils. On se contente aujourd'hui de les consulter sur une foule de questions qu'ils pouvaient trancher anciennement.

a de choquant dans les prescriptions suivantes de l'instruction ministérielle du 23 octobre 1851 :

« Si le bief d'une usine, dit cette instruction, forme un » étang qui puisse donner lieu à des exhalaisons dange- » reuses, il conviendra de rechercher quelles sont les dis- » positions spéciales *à prescrire* dans l'intérêt de la salu- » brité publique, afin que cet étang ne puisse pas tomber » sous l'application du décret du 11 septembre 1792. »

Or, les règlements faits en vertu de cette instruction devant être, suivant les fâcheux errements de la jurisprudence administrative, des actes de pure administration, il en résulte ceci, qu'on recommande aux ingénieurs de faire cesser, par un acte d'autorité souveraine, un inconvénient que les conseils généraux ne pourraient faire disparaître qu'après toute satisfaction donnée au droit de propriété.

ARTICLE IX.

QUE L'ARTICLE 457 DU CODE PÉNAL, QUI TEND A PROTÉGER LES PROPRIÉTÉS RIVERAINES, NE PEUT JAMAIS S'APPLIQUER A UN RÉGLEMENT D'ADMINISTRATION PUBLIQUE.

L'instruction ministérielle du 23 octobre 1851 dit encore :

« Lorsque, dans la visite des lieux, les parties intéressées » parviennent à s'entendre et font entre elles des conven- » tions amiables, l'ingénieur doit constater cet accord » dans le procès-verbal. Cette constatation, signée des » parties, est régulière, et le comité des travaux publics » du conseil d'État a reconnu qu'elle suffit pour que » l'administration puisse statuer. »

Mais là où il suffit que les parties soient d'accord pour que l'administration puisse statuer, on conviendra bien que, si les intéressés ne s'entendent pas, et que si, malgré cela, l'autorité administrative décide souverainement, elle s'attribue l'office de juge, et cela sans aucun des moyens d'appréciation que la loi a accordés au pouvoir chargé de rendre la justice.

Aussi ne faut-il pas bien s'étonner si dans ce cas-là aucune disposition du code pénal ne protège l'acte administratif. C'est ainsi que le règlement fait à Courchapon se trouve être une opération caduque et sans valeur devant la loi.

De quoi s'agissait-il en effet?

Le maire, au nom des propriétaires de la prairie, se plaignait que le reflux occasionné par les ouvrages de retenue de l'usine détériorait cette prairie et occasionnait des dommages considérables.

Le règlement sollicité par les plaignants devait donc nécessairement tomber sous l'application de l'article 457 du code pénal, puisque c'est celui qui tend à protéger les propriétés riveraines.

Mais aussi a-t-on bien fait attention aux termes dans lesquels cet article est conçu?

« Seront punis, dit-il, d'une amende qui ne pourra
» excéder le quart des restitutions et des dommages-inté-
» rêts, ni être au-dessous de cinquante francs, les proprié-
» taires ou fermiers ou toute personne jouissant de mou-
» lins, usines ou étangs, qui, par l'élévation du déversoir
» de leurs eaux au-dessus de la hauteur déterminée par
» l'autorité compétente, auront inondé les chemins ou les

» propriétés d'autrui. S'il est résulté du fait quelque dé-
» gradation, la peine sera, outre l'amende, un emprison-
» nement de six jours à un mois. »

Or, que conclure des termes de la loi? que l'article 457 punit d'une amende et même, en certains cas, rend passible de la prison celui qui a élevé les eaux au-dessus de la hauteur déterminée par l'*autorité compétente.*

Mais pourquoi la loi se sert-elle de cette expression, au lieu de dire *autorité administrative* ou bien *autorité judiciaire?* c'est parce que ces deux autorités peuvent, suivant le cas, être compétentes, c'est-à-dire que si le règlement fait par l'administration a obtenu l'assentiment des parties, c'est celui que l'article 457 tend à protéger, et que si, à défaut d'entente des intéressés, il est survenu une décision judiciaire, c'est celle-là qui fait la loi des parties.

Eh bien! si à Courchapon l'administration avait tenté un règlement de conciliation entre les riverains et moi, et était parvenu à nous mettre d'accord, elle aurait été l'autorité compétente, et son opération constituerait le règlement *particulier et local* que l'article 645 du code Napoléon oblige les tribunaux à faire observer.

ARTICLE X.

CARACTÈRE DES RÈGLEMENTS PARTICULIERS QUE L'ARTICLE 645 DU CODE REND OBLIGATOIRES.

Au premier abord il semble que le préfet, à qui la loi du 20 août 1790 défend de procéder par voie de règlement d'administration publique, devrait se borner à faire établir par ses ingénieurs un repère gradué indiquant l'influence que les ouvrages d'art, *construits* ou à *construire* en lit de rivière, sont ou seraient susceptibles d'exercer sur les terres riveraines, de manière que chaque propriétaire puisse, *en connaissance de cause*, faire valoir ses droits devant les tribunaux. Mais il ressort évidemment des dispositions de la loi de 1791 que le règlement judiciaire, à cause des formalités si longues et si coûteuses qu'il entraîne nécessairement, doit être remplacé, toutes les fois que cela est possible, par une transaction amiable dont les ingénieurs rédigent les clauses et qui, quand elle a reçu l'approbation du préfet, qui s'assure qu'elle n'a rien de contraire aux lois et règlements sur la matière, devient la loi des parties et prend alors le nom de règlement *particulier*, qu'on lui a donné pour le distinguer du règlement d'administration publique.

« C'est ainsi, dit M. le comte Jaubert dans une intéressante notice sur les cours d'eau, publiée dans le *Correspondant*, qu'en éclairant les parties d'abord sur ce qu'il y a de mieux à faire sous le rapport de l'art, ensuite sur l'étendue respective de leurs droits et de leurs obligations, l'ingénieur aura, sans violenter personne, amené une transaction dont il pourra, séance tenante, être le notaire. »

Eh bien! c'est à défaut de cette transaction, qu'elle est loin d'avoir tentée à Courchapon, que l'autorité administrative voudrait, dans l'affaire qui me concerne, substituer à l'action des tribunaux un règlement de pure administration, sans faire attention que les dispositions de la loi pénale, qui assurent l'exécution de ces sortes de règlements, ne tendent nullement à protéger les propriétés riveraines.

En supposant donc que mes barrages soient une cause de nocuité pour les fonds riverains, il faut avouer que leurs propriétaires seraient bien avancés si, en cas d'inobservation du règlement, je n'étais passible que de l'amende de un à cinq francs prévue par le paragraphe 15 de l'article 471 du code pénal, qui tend à réprimer les infractions aux *règlements administratifs*.

Or, cette amende est suffisante quand la mesure de police qu'elle tend à faire observer n'est qu'un acte de pure administration, parce que le gouvernement a toujours la faculté de modifier les mesures qu'il a prescrites tant que l'intérêt général n'est pas suffisamment sauvegardé; mais il ne faut pas perdre de vue que ce pouvoir discrétionnaire, l'autorité administrative ne peut l'exercer que dans la limite des intérêts qui lui sont confiés, sans qu'elle puisse jamais avoir à se préoccuper du tort que des riverains peuvent se causer entre eux; car son pouvoir cesse nécessairement et doit être remplacé par celui de l'autorité judiciaire dans tous les cas où l'appréciation du dommage devient la base de l'amende et par conséquent du règlement à établir.

Il est facile en effet de comprendre que si l'administration était compétente pour faire un règlement d'eau entre riverains, elle devrait l'être aussi pour fixer le montant des indemnités dues en cas d'infraction à cette mesure de police, car ce serait peu de déclarer l'acte administratif non susceptible d'être réformé par la voie contentieuse, s'il pouvait être contrôlé, déclaré caduc et sans valeur par l'autorité judiciaire, qui, libre dans ses appréciations, pourrait établir, de son côté, que l'infraction à cette mesure de police ne donne lieu à aucun dommage-intérêt, et par conséquent n'entraîne l'application d'aucune amende.

Et, par le fait, ne serait-il pas absurde de condamner à une amende le riverain qui, accusé de faire tort à ses voisins, ne leur causerait réellement aucun préjudice.

Ce préjudice, dans le réglement d'eau qui a pour but de protéger les propriétés riveraines, est donc la première chose à établir et ne peut être constaté que par l'autorité chargée de réprimer les infractions aux mesures destinées à le faire cesser.

Il n'y a, comme je l'ai expliqué, d'exception à cette règle que dans le cas où les parties ayant reconnu elles-mêmes l'importance et la cause du dommage, sont convenues d'adopter les mesures proposées par l'administration et de s'y conformer.

C'est cette convention qui donne à l'opération administrative, désignée alors sous le nom de *règlement particulier*, le caractère d'un réglement judiciaire et la fait tomber, comme lui, sous l'application de l'art. 457 du code pénal.

Voilà comment les questions de compétence, embrouillées d'une manière déplorable par la jurisprudence actuelle, trouvent une solution simple et facile quand on se rend bien compte de la portée des actes administratifs et judiciaires et qu'on ne veut pas faire une fausse application de la loi qui punit les délits et contraventions sur les cours d'eau non-navigables.

ARTICLE XI.

POURQUOI L'ADMINISTRATION NE PEUT PAS DISPOSER DES EAUX DANS L'INTÉRÊT GÉNÉRAL OU COLLECTIF DES RIVERAINS.

C'est aujourd'hui une opinion tellement accréditée que l'autorité administrative peut disposer des eaux courantes non domaniales au point de vue général de l'agriculture et de l'industrie, qu'il me reste à signaler le danger peut-être le plus grand que puissent courir nos institutions modernes, à savoir que l'administration, mal à l'aise dans ce rôle trop modeste à son gré de conseil et de conciliation que la loi lui a quelquefois départi, tend toujours à le changer, sous un prétexte d'intérêt public, en un pouvoir absolu ou discrétionnaire.

Mais cette autorité oublie que, depuis l'affranchissement de la propriété, c'est-à-dire depuis qu'il n'y a plus d'eau banales ou *nullius*, l'intérêt public (du moins celui dont elle a à se préoccuper) ne peut, pas plus sur les rivières que sur terre, se composer d'une collection d'intérêts privés.

« Méfions-nous, disait Portalis en présentant les » motifs du titre II du code Napoléon, des systèmes dans » lesquels on ne semble faire de la terre la propriété » commune de tous que pour se ménager le prétexte de » ne respecter les droits de personne. Sans doute la » Providence offre ses dons à l'universalité, mais pour les » besoins et l'utilité des individus, car il n'y a que des » individus dans la nature. »

Aussi Portalis ajoutait-il plus loin, en parlant des dispositions du code à l'égard des eaux courantes non comprises par l'article 538 parmi les dépendances du domaine public : « *Nous avons cru devoir rétablir les » riverains dans l'exercice de leurs droits naturels*, » c'est-à-dire de droits qu'ils tiennent non du pouvoir dispensateur de l'administration, mais de la position respective de leurs héritages, suivant les règles tracées dans le code au chapitre *des servitudes qui dérivent de la situation des lieux*.

Il faut donc nécessairement que l'administration renonce à cette pensée de régler le mode de jouissance des eaux dans l'intérêt de l'agriculture; et si elle veut savoir pourquoi aucune loi ne lui a accordé la faculté que l'article 645 du code Napoléon donne aux tribunaux *de concilier cet intérêt avec le respect dû à la propriété*,

C'est parce qu'en principe il n'est pas possible de concilier les droits du public avec ceux des particuliers comme il est possible de concilier les intérêts des particuliers entre eux.

Il ne faut pas perdre de vue que les abus que l'administration est chargée de réprimer doivent essentiellement être imprescriptibles de leur nature et hors du commerce, comme, par exemple, la jouissance d'un riverain sur une rivière du domaine public où il ne peut prétendre aucun droit de propriété; tandis que les abus que l'autorité judiciaire a pour mission de faire cesser sont de nature à se convertir en droit par la prescription ou le consentement des intéressés, comme l'inondation des terres riveraines, parce qu'en vertu de l'article 686 du code Napoléon, tout propriétaire peut consentir sur son fonds telle servitude que bon lui semble.

Il est bien évident qu'en interposant son pouvoir discrétionnaire dans un réglement d'eau, l'administration gênerait la liberté des riverains, et que Portalis a suffisamment répondu aux considérations d'intérêt général que cette autorité peut faire valoir en pareil cas, quand il dit en présentant les motifs du *Titre II du code Napoléon :*

« En général, les hommes sont assez clairvoyants sur » ce qui les touche, on peut se reposer sur l'énergie de

» l'intérêt personnel du soin de veiller sur la bonne cul-
» ture; la liberté laissée au cultivateur et au propriétaire
» fait de grands biens et de petits maux. *L'intérêt public*
» *est en sûreté quand, au lieu d'avoir un ennemi, il n'a qu'un*
» *garant dans l'intérêt privé.* »

ARTICLE XII.

ORIGINE ET ÉCHEC DU PRINCIPE DOMANIAL ET DU SYSTÈME RES NULLIUS.

Ce que je viens de dire explique suffisamment pourquoi les doctrines des domanistes et celles des partisans du système *res nullius* ont toujours échoué devant la haute raison de nos assemblées législatives chaque fois qu'on a voulu faire prévaloir le pouvoir souverain de l'administration sur les eaux courantes non-navigables.

Le principe domanial est celui qui fut préconisé le premier, et cela se conçoit : après l'abolition du domaine direct ou de supériorité que le seigneur exerçait sur le domaine utile des terres et eaux banales de son fief, on n'était préoccupé que d'une chose, c'est, comme je l'ai déjà dit, que, pour être libres, les biens ruraux ne devaient pas avoir deux maîtres, et que, par conséquent, ils ne pouvaient appartenir qu'à l'État si un intérêt général ou, en d'autres termes, des nécessités de haute police exigeaient qu'ils fussent constamment sous la surveillance et la direction du gouvernement.

Voilà pourquoi l'idée ne vint à personne, quand on voulut établir dans le code rural la condition nouvelle des eaux, de faire une distinction entre les propriétés à l'usage du public et celles qui étant à l'usage de particuliers, ne sont cependant pas susceptibles d'appropriation privée.

Il ne faut donc pas s'étonner dès-lors si le rapporteur des comités chargés par l'Assemblée constituante d'examiner la question de propriété des cours d'eau non-navigables, le député Arnoult (de Dijon), croyant l'ordre public intéressé à ce que le gouvernement en surveillât constamment l'emploi, proposa de ranger tous les cours d'eau navigables ou non parmi les dépendances du domaine public.

Mais on sait que cette proposition, ainsi que le projet de loi qui l'accompagnait, furent écartés, sur la motion du député d'Aix, qui fit remarquer ce qu'ils avaient de dangereux, notamment au point de vue des irrigations.

« Avant qu'on ouvre cette discussion, dit ce député, » je demande à faire une motion. Le travail qu'on vous » propose entraîne avec lui la destruction du droit d'ar» rosage si précieux pour l'agriculture dans les pays mé» ridionaux, et je vous annonce qu'un pareil projet por» terait la désolation dans nos départements. » (*Moniteur* » du 24 avril 1791.)

Or, sur quelles bases le défenseur des idées domaniales appuyait-il son système? « Toute possession exclusive, » disait le député de Dijon dans un discours plus pom» peux que vrai, est incompatible avec les vues que la na» ture s'est proposées en établissant l'union des sociétés » sur la communion des éléments. »

C'est, à n'en pas douter, aux méfiances inspirées par de pareilles utopies qu'on doit la fâcheuse décision de l'Assemblée nationale, qui, tombant dans un excès contraire, accordait, par la loi du 6 octobre 1791, un pouvoir exorbitant aux riverains qu'elle admettait non-seulement à jouir pleinement et exclusivement des cours d'eau non-navigables, mais encore à exercer, en vertu du *droit commun*, des prises d'eau sur les rivières consacrées à la navigation, à la seule condition de ne pas gêner ce service.

Plusieurs fois encore des tentatives de domanialité furent faites, mais toujours sans succès.

Ce fut alors que l'administration, voulant asseoir à tout prix son domaine sur les cours d'eau non-navigables, préconisa le système *res nullius.* Mais ce système qu'est-ce autre chose qu'un droit de propriété en faveur de l'État déguisé sous un faux nom, si, suivant les sévérités de sa jurisprudence, l'administration peut, quand elle a besoin des eaux qui ne servent qu'à des usages privés, déposséder les riverains sans leur devoir aucune indemnité?

Aussi ne faut-il pas s'étonner si la loi du 11 juillet 1847 fut, pour ce désastreux système, une pierre d'achoppement contre laquelle il est venu s'échouer complètement.

Cette loi, on le sait, autorise, à charge d'indemnité, le riverain qui a besoin d'élever les eaux pour l'irrigation de ses prairies, à appuyer, lorsqu'il n'est pas propriétaire des deux bords, un barrage sur la rive opposée.

Eh bien! cette loi a complètement mis en lumière l'impossibilité du système *res nullius* et par conséquent du pouvoir discrétionnaire de l'administration; car si, comme cette autorité le prétend, les rivières non-navigables n'appartenaient à personne, comment n'en disposerait-elle pas comme elle l'entend pour le plus grand avantage des riverains, et comment irait-on accorder une indemnité au propriétaire de l'autre rive pour droit d'appui du barrage contre les francs-bords d'une rivière qui ne lui appartiendrait pas?

Est-ce qu'il est jamais venu à l'idée du riverain d'un cours d'eau navigable de s'opposer à ce que l'administration fasse dans le lit de ce cours d'eau tous les travaux d'art qu'elle juge à propos d'y établir? Quel plus grand scrupule celle-ci pourrait-elle donc se faire en administrant quelque chose qui n'appartient à personne qu'en administrant quelque chose qui appartient à l'Etat?

Nous voyons que la position était critique pour les partisans du système *res nullius;* ils tentèrent donc un suprême effort, et ce fut M. Levavasseur, député de Rouen, qui se fit organe des prétentions de l'autorité administrative en proposant l'amendement suivant:

« ART. 1er Tout propriétaire qui voudra se servir pour » l'irrigation de sa propriété des eaux naturelles et artifi- » cielles dont il a le droit de disposer, pourra obtenir, en » se conformant aux lois et règlements sur la police des » eaux, la faculté d'appuyer sur la propriété du riverain » opposé les ouvrages d'art nécessaires à la prise d'eau; » ici je m'arrête et j'ajoute: IL NE POURRA EN AUCUN CAS » PRENDRE POSSESSION QU'APRÈS L'AUTORISATION ACCORDÉE PAR » ORDONNANCE ROYALE (exclamations). » *Moniteur*, discussion de la loi du 11 juillet 1847.

Ces exclamations indiquent assez que cet amendement ne passa point, et, en vertu de la loi de 1847, l'administration n'a absolument rien à voir dans l'établissement des barrages utiles à l'irrigation (1).

(1) La loi de 1847 n'a trait qu'aux barrages d'irrigation, parce que le législateur n'a pas voulu étendre à l'industrie le droit d'expropriation consenti en faveur de l'agriculture; mais la police des eaux n'est ni plus ni moins intéressée à l'établissement d'un barrage d'usine que d'un barrage d'irrigation.

Or, que serait-il résulté de l'adoption de l'amendement de M. Levavasseur, et quel est en effet le résultat de la jurisprudence actuelle, qui ne tient aucun compte du rejet de cet amendement?

Le résultat, le voici, et il n'a pas besoin de commentaire: pendant que l'autorité judiciaire intervient pour dire que le constructeur d'un barrage en lit de rivière paiera une indemnité au riverain de l'autre bord parce que celui-ci est propriétaire de la moitié de la rivière, *usque ad filum aquæ*, l'administration, qui ne peut régler que les choses non susceptibles d'occupation privée, intervient de son côté pour dire que le constructeur de cet ouvrage d'art n'aura droit à aucune indemnité en cas de dépossession pour cause d'utilité publique parce que la rivière n'appartient à personne.

ARTICLE XIII.

ARRÊT QUI DÉMONTRE L'ABSURDITÉ DU PRINCIPE DOMANIAL ET DU SYSTÈME RES NULLIUS.

Nos assemblées législatives avaient-elles donc bien tort de ne pas vouloir appliquer à l'usage des eaux courantes non-navigables les règles du principe domanial ou du système *res nullius?* Il suffit pour être persuadé du contraire de voir les conséquences qu'on peut en tirer.

« Il a été jugé, dit Dalloz (1), que les eaux non-navi-
» gables et leur lit sont *une dépendance du domaine public*
» sur laquelle les riverains n'ont que des droits d'usage
» déterminés par la loi; qu'en conséquence, celui dont

(1) Rép. de Légis., t. 19, p. 382, art. 210.

» l'héritage est traversé par un tel cours d'eau ne peut » s'opposer à ce qu'un autre riverain puisse parcourir ce » cours d'eau à l'aide de petits bateaux dans l'étendue de » cet héritage. (Douai, 18 déc. 1845, aff. Dupas.)

» Nous croyons devoir faire observer (ajoute M. Dalloz) » que la question devrait être décidée dans le même sens, » si on adopte le 4ème système ci-après développé. En » effet, si les eaux sont *res nullius*, ainsi que nous le » prouverons, aucun riverain n'a le droit de s'opposer à » ce qu'on parcoure le cours d'eau en bateau. »

Et d'abord, lorsqu'un cours d'eau non-navigable, quelque important qu'il soit, traverse une propriété, le maître du fonds peut, aux termes de l'art. 644 du code, le détourner, si bon lui semble, dans l'étendue de son domaine, à la charge seulement de le rendre à la sortie de ses terres à son cours ordinaire ; il peut donc, si cela lui convient, le diviser en plusieurs bras, former des cascades ou chutes d'eau dont rien ne l'empêche d'utiliser la force motrice.

Mais, s'il peut tout cela, comment n'aurait-il pas le droit d'empêcher un importun de circuler en bateau au milieu de son jardin ou de son parc, de venir sous ses fenêtres, jeter si cela lui plaît la ligne au milieu de ses pièces d'eau, comme il pourrait le faire dans les rivières de l'État où cette pêche est permise et où tout le monde a le droit de circuler en bateau ! Comment ; cette propriété bien close serait en tous temps abordable à tout venant par des rives intérieurement sans défense et sans escarpement ! Et le propriétaire qui trouverait pendant la nuit un individu au milieu de ses jardins n'aurait pas le droit d'interpeller cet homme sur cet acte audacieux, sous le prétexte que cette rivière qui, par mille contours gracieux, fait le charme et la décoration de sa propriété, ne lui appartient pas et reste même inaliénable comme tout ce qui dépend du domaine public! Que dis-je! cet homme qui viendrait troubler le repos de ce propriétaire aurait le droit de se plaindre que par ses cascades ou chutes d'eau celui-ci entrave sa circulation! et en effet, si elle doit être libre, pourquoi la gênerait-on?

Or, ce raisonnement, tout excentrique qu'il est, nous l'avons vu faire par des hommes sérieux, des jurisconsultes imposants, amenés par le vice de leur système à une si déplorable conclusion.

« La loi de 1790, lisons-nous encore dans Dalloz (t. 19, » p. 495, art. 578), dit que les objets confiés à la vigi- » lance et à l'autorité des corps municipaux sont: 1° tout » ce qui intéresse la sûreté et la commodité du passage » dans les rues, quais, places et voies publiques, par » conséquent la sûreté et la commodité de la circulation » sur les cours d'eau, qui sont en quelque sorte des voies » publiques, puisque, comme on l'a dit, ces eaux sont au » nombre des choses *nullius.* »

Pourquoi M. Dalloz ne tire-t-il pas toutes les conséquences de son principe et ne reconnaît-il pas aussi à tout venant le droit de circuler sur les bords de la rivière, ce qui serait encore plus facile et quelquefois plus utile?

Est-ce que le savant Proudhon ne nous dit pas, dans un langage assez pittoresque, qu'*une rivière n'est pas une chose en l'air*, et que la condition des eaux ne saurait, aux termes de l'article 552, être différente de la condition du sol sur lequel elles coulent? Or, comme le lit d'une rivière se compose non-seulement du fond mais encore de ses francs-bords, pourquoi la circulation serait-elle interdite sur un terrain que personne n'aurait le droit de revendiquer comme sa propriété?

Voilà cependant à quelle absurde conséquence peut mener un faux principe.

Est-ce que le simple bon sens n'indique pas que le droit de circulation ne peut exister que sur les rivières du domaine public, et que sur celles qui ne sont pas navigables, il en est de la liberté de s'y promener en bateau comme de la faculté de chasser sur les fonds d'autrui, faculté qui existe tant que le propriétaire ne s'y oppose pas, mais qui cesse du moment où celui-ci veut clore son fonds ou en interdire l'accès au public?

L'arrêt que je viens de citer n'est-il pas la plus amère critique du système *res nullius* que défendent avec tant d'opiniâtreté de si graves auteurs, et qui, comme on va en juger par l'exposé de la doctrine de la commission du projet de code rural, aurait des tendances à devenir loi de l'État si cette commission, méditant sur le danger de ce système, ne reconnaissait enfin qu'il est incompatible avec l'esprit de nos institutions modernes?

ARTICLE XIV.

RÉFUTATION DU SYSTÈME PRÉCONISÉ PAR LA COMMISSION DU PROJET DE CODE RURAL.

Après tout ce qui vient d'être dit, je n'aurais plus qu'à attendre de la sagesse du conseil d'État l'annulation de l'arrêté qui fait l'objet de mon pourvoi, si les fâcheuses doctrines que soutient l'administration dans l'affaire qui me concerne n'étaient sur le point de se couvrir du manteau de la loi.

Je lis, en effet, dans le rapport de la commission du projet de code rural : « Le riverain qui emploie comme » force motrice les eaux contiguës à sa propriété n'use-t-il » pas d'un droit? L'autorisation qui précède n'a-t-elle » pas uniquement pour but d'empêcher que les nouveaux » ouvrages ne nuisent aux tiers? et si des circonstances » imprévues rendent le retrait de la concession nécessaire, » pourquoi l'Etat ne paierait-il pas une indemnité d'ex» propriation comme dans tous les autres cas où, en for» mant un établissement d'utilité publique, il a besoin » d'une propriété privée? »

Or, le côté faible de ce raisonnement n'échappera à personne, et il est difficile de savoir ce que M. le rapporteur aurait pu répondre au ministre des travaux publics quand il défendait de la manière suivante, devant la Chambre des Pairs, la clause de non-indemnité que la commission condamne :

« Lorsque la question fut débattue au conseil d'Etat, » disait le ministre, beaucoup de membres qui inclinaient » à penser que les cours d'eau non-navigables ni flotta» bles étaient susceptibles de devenir des propriétés » privées, ont voté néanmoins pour le maintien de la » clause, par la raison que, puisqu'on avait érigé en » principe qu'aucun établissement ne peut exister sans » autorisation, le droit d'autorisation emportait de lui-même » la faculté de la clause, indépendamment de la nature » du cours d'eau. » (*Moniteur du 10 juin 1848.*)

La logique, comme on le voit, a en droit des conséquences rigoureuses, et la clause de non-indemnité résulte nécessairement du droit d'autorisation, comme le droit d'autorisation ne peut lui-même avoir sa source que dans le principe domanial.

Que répondre, en effet, à l'autorité administrative quand elle vous dit : *pouvoir autoriser c'est pouvoir refuser*, sans que ce refus donne droit à un recours par la voie contentieuse? Mais si cela est, il est bien évident que le riverain n'use plus d'un droit et que ce n'est pas sans raison que l'article 2 de la loi du 1er décembre 1790 et l'article 538 du code ont classé parmi les dépendances du domaine public *toutes les choses non-susceptibles de propriété privée*, c'est-à-dire dont on ne peut jouir sans une permission de l'administration.

Eh bien! si on admet que les rivières navigables font, à cause de cela, partie du domaine public, on conviendra bien que non-seulement ce serait une injustice de grever l'Etat de l'obligation d'indemniser les riverains auxquels il aurait besoin de retirer tout ou partie de sa concession, mais que ce serait encore administrer d'une manière déplorable les affaires publiques que de faire à des particuliers une concession gratuite sur une chose appartenant à tout le monde.

Toutefois l'erreur que je viens de signaler en entraîne une autre non moins grave, qui montre dans quel cercle vicieux roule le système de la commission du projet de code rural.

« Le pouvoir de l'administration, dit encore son rap-
» porteur, n'est point entravé par la juridiction que l'ar-

» ticle 645 confère aux tribunaux. S'agit-il d'un cours
» d'eau à l'égard duquel l'administration n'a rien statué?
» les décisions judiciaires sont souveraines et reçoivent
» leur exécution pleine et entière, tant que l'administration
» n'a rien statué ; mais si un règlement est publié, même
» après la chose jugée, les tribunaux sont tenus de s'y
» conformer. »

Le côté faible de ce raisonnement n'est pas bien difficile à découvrir, car, de deux choses l'une : ou la rivière appartient aux riverains, et alors l'administration ne peut intervenir pour régler discrétionnairement un droit *préexistant;* ou la rivière ne leur appartient pas ; mais dans ce cas-là les tribunaux n'ont rien à décider, même dans les contestations des riverains entre eux, tant que l'administration n'a pas établi le droit de chacun.

Cette pensée de la commission de faire intervenir l'administration dans l'intérêt général des riverains, comme l'autorité judiciaire intervient dans leur intérêt privé, n'est pas réalisable, parce qu'on ne peut pas plus opposer au droit individuel de celui dont un cours d'eau traverse la propriété l'intérêt collectif des riverains, qu'on ne saurait opposer au droit individuel du propriétaire d'un fonds l'intérêt collectif des propriétaires fonciers.

Il est vrai que si on veut savoir pourquoi, dans le système de la commission, la propriété des eaux n'est pas entourée des mêmes garanties que la propriété du sol, M. le rapporteur explique :

« Que la propriété du sol, par sa stabilité même, se
» prête à des règles fixes et presque immuables ; mais que
» les eaux, surtout les eaux courantes, semblent échapper

» à la puissance de l'homme et ne lui permettre qu'une » possession fugitive comme à tous les propriétaires des » terrains qu'elles traversent.

» Aussi, *ajoute-t-il*, le pouvoir de l'administration est » en quelque sorte discrétionnaire, on ne pourrait le » restreindre sans compromettre l'intérêt public. »

Mais M. le rapporteur ne remarque pas que si l'instabilité et le cours capricieux des eaux étaient un obstacle à ce qu'elles fussent régies par les règles du droit commun, le code Napoléon, qui ne s'occupe que des choses susceptibles d'occupation privée, n'aurait pas établi, dans le chapitre des droits d'accession, pour le cas où une rivière vient à modifier son cours, des règles qui deviennent alors loi des parties.

ARTICLE XV.

DU PEU DE RESPECT QUE MÉRITE UNE JURISPRUDENCE QUI NE REPOSE QUE SUR L'ALTÉRATION DU TEXTE DE LA LOI.

Ce n'est en effet qu'en ne reproduisant pas exactement les termes de la loi en forme d'instruction du 20 août 1790, que le directeur-général des ponts et chaussées parvenait à lui donner une signification qu'elle n'a pas réellement.

Ce haut fonctionnaire, ayant à formuler son avis sur la nature des pouvoirs concédés à l'administration sur les cours d'eau non-navigables, écrivait, le 11 mai 1829, au préfet de la Vendée :

« Les administrations *sont chargées* par une loi du » 20 août 1790 de diriger, autant que possible, toutes » les eaux du territoire vers un but d'utilité générale, »

Et ce qui n'est pas moins surprenant, c'est que la Cour de cassation ne reproduise pas plus fidèlement le texte de la loi.

« Attendu, dit un arrêt de cette Cour du 7 mars 1834 » (affaire Courrent), que le chapitre VI de l'instruction » législative du 20 août 1790 *charge d'une manière absolue* » les administrations départementales, dont les préfets » exercent aujourd'hui les fonctions, d'assurer le libre » cours des eaux de leur territoire et de le diriger autant » que possible vers un but d'utilité générale. »

Le texte de la loi est pourtant bien différent de ce qu'on vient de lire.

« LES ADMINISTRATIONS DE DÉPARTEMENT (disait le législateur), DOIVENT AUSSI *rechercher* ET *indiquer* LES MOYENS » DE PROCURER LE LIBRE COURS DES EAUX, D'EMPÊCHER QUE » LES PRAIRIES NE SOIENT SUBMERGÉES PAR LA TROP GRANDE » ÉLÉVATION DES ÉCLUSES DES MOULINS ET PAR LES AUTRES » OUVRAGES D'ART ÉTABLIS SUR LES RIVIÈRES, DE DIRIGER » ENFIN, AUTANT QU'IL SERA POSSIBLE, TOUTES LES EAUX » DE LEUR TERRITOIRE VERS UN BUT D'UTILITÉ GÉNÉRALE, » D'APRÈS LES PRINCIPES DE L'IRRIGATION. »

Mais entre la recommandation de diriger les eaux et celle de rechercher et d'indiquer les moyens de le faire, il n'y a rien moins qu'un changement complet de système.

Or, tout le monde comprend qu'à une époque où l'Assemblée constituante préparait une loi sur la police rurale (celle de 6 octobre 1791), il était tout naturel qu'elle chargeât les administrations de département de lui indiquer les moyens de procurer le libre cours des eaux et d'empêcher les prairies d'être submergées par la trop grande élévation des écluses et autres ouvrages d'art en lit de rivière, mais il est plus difficile de comprendre pourquoi l'Assemblée nationale chargeait l'autorité départementale de *rechercher* et d'*indiquer* les moyens de diriger toutes les eaux du territoire vers un but d'utilité générale, d'après les principes de l'irrigation.

D'abord on peut se demander d'où vient que, si le législateur n'a eu en vue que de venir en aide aux intérêts privés, il a ajouté ces mots : *vers un but d'utilité générale*, et, en second lieu, pourquoi il est dit que l'administration ne doit se préoccuper que de l'irrigation, ce qui fait que beaucoup d'auteurs ont pensé qu'il existait dans la loi une lacune regrettable à l'égard des usines.

On ne saurait se dissimuler, comme je viens de le dire, qu'il ne soit assez difficile de bien saisir le sens de la loi, quand on se contente de quelques idées théoriques et qu'on ne s'est pas rendu exactement compte de la manière dont les eaux peuvent être utilisées ; mais pour celui qui descend dans la pratique des cours d'eau et qui comprend l'utilité, au point de vue de l'agriculture, des travaux d'art dont se servent les usines, tout s'éclaircit merveilleusement et rien n'est plus sage que la recommandation de l'Assemblée nationale.

La rédaction de l'article a été évidemment dictée par un homme habile dans l'art d'utiliser les eaux ; mais comme les idées théoriques ne sont pas un guide aussi sûr que la pratique, peu d'hommes de loi ont saisi la signification de cet article, et je n'ai vu jusqu'ici qu'une seule personne qui en ait parfaitement compris le sens, c'est M. le comte Jaubert, qui, après avoir, dans une excellente notice publiée dans le *Correspondant*, cité le paragraphe qu'on vient de lire, ajoute: *d'où il suit qu'on doit tirer parti, sous le rapport de l'irrigation, de la surélévation des eaux dans les biefs d'usines.*

Mais comment l'administration peut-elle tirer parti d'une rivière qui n'est pas domaniale et où, par conséquent, elle n'exécute jamais pour son propre compte aucun travail? Ce ne peut être qu'en *indiquant* au riverain l'emploi le plus avantageux qu'il peut faire des eaux qui traversent son héritage ; et le côté d'intérêt général de la mesure, puisque nous voyons que c'est surtout dans ce but que l'Assemblée constituante fait intervenir l'administration, c'est de propager autant que possible les bienfaits de l'irrigation en procurant, par l'indication du point *maximum* auquel un usinier peut élever les eaux, le niveau également le plus favorable pour la bonne tenue et l'amélioration des propriétés riveraines.

« L'exhaussement du niveau des eaux, dit M. Nadault » de Buffon, restreint dans les limites convenables, a » toujours pour effet d'améliorer les propriétés voisines, » car la culture qu'il est le plus avantageux d'établir le » long des rivières étant celle des prairies, il est évident » qu'amener jusqu'à 20 ou 30 centimètres de leur niveau » la surface de l'eau qui, auparavant, coulait à une assez » grande distance au-dessous d'elles, c'est en augmenter » la valeur et les qualités productives. » (*Des Usines*, t. I, p. 42.)

Or, pourquoi l'administration doit-elle se contenter d'indiquer la nouvelle direction à donner aux eaux? c'est parce que, s'il s'agit d'une rivière navigable, elle ne peut agir, comme le dit l'instruction législative du 22 décembre 1789, que *sous l'autorité et l'inspection du roi* auquel tous les plans et devis doivent être soumis, et parce que, s'il s'agit d'une rivière non-navigable, l'étude faite par les ingénieurs ne peut avoir d'autre résultat que d'éclairer le constructeur de l'usine sur ses intérêts confondus dans le cas particulier avec ceux des riverains supérieurs? L'administration peut-elle faire autre chose que donner un bon conseil, puisque le riverain reste toujours libre de faire ou de ne pas faire, selon sa volonté ou suivant ses moyens.

Comprend-on maintenant pourquoi l'Assemblée constituante ne pouvait pas, comme le dit si inconsidérément la Cour de cassation, charger les administrations de département (aujourd'hui le préfet) de diriger *d'une manière absolue* toutes les eaux de leur territoire vers un but d'utilité générale.

ARTICLE XVI.

EN QUOI CONSISTE LE TRAVAIL D'UN INGÉNIEUR DANS UN RÈGLEMENT D'EAU.

Je terminerai donc ce rapide aperçu de notre législation en montrant quels services l'administration peut, dans un règlement d'eau, rendre aux riverains des cours d'eau non-navigables sans toucher à leurs droits de propriété.

La chose la plus importante pour celui qui veut profiter de la pente des eaux, c'est de connaître le point maximum auquel il peut les élever sans nuire à ses voisins. Or, l'ingénieur à qui l'administration confie le soin d'éclairer le riverain sur ce point important, doit savoir que tout individu qui a à sa disposition les deux bords d'une rivière peut relever le plan d'eau, dans le cas où la chute en amont de l'usine projetée est libre, jusqu'au point que ses ouvrages de retenue peuvent atteindre sans être une cause d'inondation pour les propriétés riveraines, et dans le cas où la pente de la rivière serait déjà utilisé, seulement jusqu'au point où le remous occasionné par ses travaux d'art pourrait gêner les riverains supérieurs dans l'emploi qu'ils font des eaux.

La fixation du niveau auquel un riverain peut élever les eaux doit se faire au moyen d'un repère dont le point régulateur indique la hauteur d'eau que ce riverain peut atteindre sans inonder les propriétés riveraines ou nuire aux ouvrages déjà établis. Si donc la chute d'eau en amont de l'usine projetée est entièrement libre, le point régulateur doit être le niveau des eaux de pleins bords de la rivière.

Mais ce n'est pas tout ; il faut que ce repère soit gradué et que des lignes tracées sur le plan et correspondant aux différents degrés du repère (1) indiquent les zônes de terrain que les eaux peuvent couvrir à différentes hauteurs lorsqu'elles dépassent par exemple de cinq, de dix, de quinze centimètres le niveau des crues de pleins bords de la rivière.

On va comprendre de suite l'utilité de ces indications.

Si par exemple, en élevant les eaux de cinq centimètres au-dessus du niveau de pleins bords, un propriétaire inonde dix ares de prairies, il est clair que si ces dix ares

(1) Ces lignes sont faciles à établir à l'aide des cotes de nivellement.

lui appartiennent ou que s'il a obtenu de ses voisins le droit de les inonder, il peut élever, sans crainte de nuire à personne, ses ouvrages d'art de façon à dépasser de cinq centimètres le niveau des eaux de pleins bords.

Je pourrais en dire autant de l'élévation à dix centimètres au-dessus de ce niveau. La contenance inondée, fût-elle de plusieurs hectares, ne peut jamais constituer qu'une question d'intérêt privé, parce que chacun a son droit écrit dans la loi et sur le plan dressé à cet effet, dont une copie doit rester aux archives de la mairie, à la disposition de ceux qui peuvent avoir intérêt à le consulter.

Toutefois il faut bien faire attention que le repère fixé par l'administration n'établit aucun titre, que ce n'est qu'un moyen donné à tout le monde de reconnaître la limite de son droit, et qu'il faut que ce droit soit sanctionné par l'autorité judiciaire ou par l'accord des parties pour que le règlement devienne obligatoire pour les riverains.

Mais une fois le repère provisoire devenu définitif, il suffira, si l'usine est munie d'un vannage, qu'un procès-verbal constate que, par suite d'une négligence dans la manœuvre des vannes, les eaux avaient atteint tel degré du repère pour que tous les propriétaires des terrains compris dans la zône que les eaux couvrent quand elles atteignent ce point, aient droit à une indemnité et puissent intenter à l'usinier une action en dommages-intérêts.

Par là tombe l'objection d'intérêt général que fait valoir M. Dalloz, quand il dit *(rép. de législ., t. 19, p. 419)* :

« Quant à nous qui croyons que les eaux non-navigables » sont *res nullius*, que les riverains n'exercent aucun droit » de propriété sur les cours d'eau non-navigables, nous

» estimons que le droit de police de l'administration s'é-
» tend à toutes les rivières.

» Et comment pourrait-il en être autrement? Qu'une » crue subite survienne, que la digue, par son action » offensive ou sa construction vicieuse, rejette les eaux avec » force sur la chaussée opposée, qu'elle l'entraîne et soit » ainsi la cause de l'inondation d'un pays entier et des » ravages qu'elle occasionne, quels sont les moyens pour » l'État de se prémunir et de prémunir la société entière » contre de pareils événements? Il sera bien temps d'ob- » vier au mal quand les populations seront ruinées!

» Cependant, ajoute M. Dalloz, il faut savoir accorder » tout à la fois le droit de la propriété, de l'agriculture et » de l'industrie, avec l'action légitime de la police admi- » nistrative, action tutélaire lorsqu'elle se renferme dans » de justes limites, action déplorable si elle dépasse les » bornes de la raison et devient, qu'on nous pardonne le » mot, difficultueuse et tracassière. »

Eh bien! c'est précisément là l'inconvénient qu'il fallait éviter et que les lois de 1790 et 1791 ont voulu prévenir en ne donnant à l'administration qu'une mission de conseil et de conciliation.

Mais cette mission suffit comme on vient de le voir, et ceux qui comme M. Dalloz ne trouvaient pas d'autre moyen de prévenir le danger qu'un sot imprudent pourrait faire courir aux propriétés riveraines que d'invoquer le pouvoir discrétionnaire de l'administration, doivent reconnaître maintenant que rien n'est si facile que de mettre, sans avoir recours à une juridiction exceptionnelle, à l'abri des inondations non-seulement l'ensemble des propriétés d'une vallée, mais même la plus petite parcelle de terrain. Il suffit que son propriétaire exige, en vertu de la loi de **1791**, du riverain qui veut construire un ouvrage quelconque en lit de rivière, l'établissement préalable du repère qui sert à établir la limite de son droit.

L'utilité de ce repère donne à l'intervention de l'administration une importance que je n'ai pas besoin de faire ressortir; mais là ne se borne pas la mission de l'ingénieur, qui doit encore indiquer au riverain la forme et la dimension des ouvrages d'art à exécuter en lit de rivière.

Seulement, comme cet agent de l'administration ne doit mettre ses connaissances qu'au service du bon droit, il ne devra faire connaître au riverain les conditions d'économie et de solidité des travaux destinés à maintenir les eaux au-dessus du niveau de pleins bords de la rivière qu'autant que ce dernier lui démontrera que les prés qui auraient à souffrir de la surélévation des eaux lui appartiennent, ou qu'il a obtenu des riverains le droit de les inonder; et encore comme il pourrait se faire que l'ingénieur, qui n'a pas qualité pour apprécier les titres des parties, fût induit en erreur, ces indications ne devront être données que sous toutes réserves.

L'intervention de l'administration n'est pas moins utile quand il s'agit d'une retenue d'eau déjà existante. Aussi la loi de **1791** soumet-elle au règlement provisoire administratif aussi bien les moulins *construits* que ceux à construire.

Lors donc qu'il est question de circonscrire dans la limite de son droit la jouissance du propriétaire d'une ancienne usine, l'administration doit s'appliquer, comme quand il s'agit d'une usine à créer, à établir le repère, qui est la base de toute opération réglementaire.

Ce repère, gradué comme je l'ai dit plus haut par fractions de cinq centimètres, indiquera l'influence des eaux sur la prairie, et les règles du droit commun pourront ensuite s'appliquer sans difficulté avec cet élément d'appréciation. »

C'est alors que, si l'ingénieur est habile et conciliant, il pourra étouffer par un arrangement amiable tout germe de procès, et l'heureuse influence qu'il lui sera facile d'exercer sur toutes les questions hydrauliques explique très-bien pourquoi M. le comte Jaubert disait, dans l'intéressante notice sur les cours d'eau dont j'ai déjà parlé:

« Si j'avais l'honneur de faire partie du corps des ponts » et chaussées, c'est au service hydraulique que je donne» rais la préférence, en raison des services qu'un ingénieur » qui comprend bien sa mission est à même de rendre » à son pays. »

ARTICLE XVII.

EMBARRAS QUE LA JURISPRUDENCE ACTUELLE SUSCITE A L'AUTORITÉ JUDICIAIRE.

C'est pour avoir méconnu les principes élémentaires que je viens d'émettre sur la compétence des autorités administratives et judiciaires, que la Cour de cassation, cédant aux tendances envahissantes de l'administration et oubliant les obligations que l'article 645 du code impose aux tribunaux, a rendu des arrêts dont je n'aurais pas de peine à faire comprendre les fâcheuses conséquences.

Un arrêt de cette Cour, en date du 30 août 1830, avait décidé que les tribunaux peuvent, en vertu des articles 1382 et 1383 du code civil, ordonner la destruction absolue d'un barrage lorsqu'il est nuisible et qu'il n'a pas été autorisé par l'administration, mais qu'ils ne peuvent se borner à en prescrire l'abaissement au point convenable, *usque dùm non noceat*, sans violer les règles de la compétence. Etrange conséquence qu'un tribunal soit compétent pour faire détruire entièrement un barrage, mais qu'il ne le soit pas pour en faire détruire seulement une partie!

La Cour de cassation, sans doute, avait senti la bizarrerie de cet arrêt, car, quatre mois plus tard, c'est-à-dire le 28 décembre 1830, appelée à juger une question semblable, elle décida que, quand un barrage est nuisible et a été établi sans autorisation administrative, les tribunaux auxquels ce nouvel œuvre est déféré doivent renvoyer les parties devant l'administration pour qu'elle procède au réglement d'eau.

Sa décision était fondée sur ce motif que l'autorité administrative est seule chargée de fixer la hauteur des eaux, et que l'autorité judiciaire n'est investie du droit de statuer sur les intérêts privés que lorsque le règlement administratif a été violé.

Mais une semblable décision suggère à Daviel les réflexions suivantes: « Faut-il assimiler à des réglements généraux, commandant déférence absolue à l'autorité judiciaire, les ordonnances royales qui, en autorisant une usine, une prise d'eau pour l'irrigation ou un barrage pour la pêche, peuvent porter atteinte à des droits privés. D'abord il n'est pas douteux que s'il résulte de ces

» actes un préjudice pour les tiers, les individus lésés
» peuvent se pourvoir judiciairement pour obtenir des
» dommages-intérêts, et nous avons déjà remarqué, n° 646,
» qu'avec ce droit de prononcer des dommages-intérêts,
» les tribunaux peuvent rendre si onéreuse la conservation
» du droit conféré par l'ordonnance royale, que le conces-
» sionnaire se trouverait forcément amené à abdiquer son
» droit plutôt que de continuer d'en jouir au prix où on
» en mettrait l'exercice. » (*Traité des cours d'eau*, t. III, p. 447.)

Mais si des peuples étrangers venaient s'instruire à notre école, quelle idée auraient-ils d'une législation où la solution des difficultés réside dans une question d'argent et où le droit méconnu est obligé de s'imposer par des moyens détournés?

Encore le triste expédient auquel Daviel conseille d'avoir recours n'est-il pas applicable, et c'est lui-même qui se charge de nous l'apprendre par un autre passage de son ouvrage, où il s'exprime ainsi :

« Mais c'est peu d'ouvrir ainsi en principe une action
» en dommages-intérêts, comment l'organiser dans la
» pratique? Supposez que des jugements ou des con-
» ventions privées, intervenues entre deux propriétaires
» d'usines, leur aient attribué le volume ou la pente d'une
» rivière dans certaines proportions, et que cet état de
» choses soit renversé par une ordonnance royale; il
» peut arriver que ce qui est enlevé à l'un ne soit pas
» attribué à l'autre; à quel titre, en ce cas, le premier
» réclamerait-il du second une indemnité quelconque?
» et lors même que l'un serait gratifié en même temps

» que l'autre serait dépouillé, à quel titre le second réclamerait-il du premier une indemnité? Celui-ci répondrait qu'il n'a rien demandé à l'administration, et qu'on » ne peut le forcer à payer ainsi un avantage qu'il n'a pas » recherché.

» Il nous paraît que les propriétaires des fonds sacrifiés n'ont d'indemnité à réclamer que de l'État. De » particulier à particulier, les modifications résultant de » l'application d'un nouveau règlement sont *un fait du* » *prince*, force majeure dont personne ne doit garantie. » (*Traité des cours d'eau*, t. II, p. 108.)

Ce que dit Daviel est parfaitement juste : un semblable règlement est un fait du prince dont personne ne doit garantie. Mais serait-il plus rationnel de charger l'État de payer l'indemnité d'une chose qui ne profite qu'à des particuliers?

Évidemment non.

Or, qu'en conclure?

C'EST QU'IL EST IMPOSSIBLE D'APPLIQUER A L'USAGE DES EAUX COURANTES NON-NAVIGABLES UN RÈGLEMENT D'ADMINISTRATION PUBLIQUE.

—

DEUXIÈME PARTIE.

Examen du règlement d'eau de l'usine de Courchapon.

ARTICLE 1er.

RÉSUMÉ DES QUESTIONS DE DROIT QUI ONT PARTICULIÈREMENT TRAIT A CE RÈGLEMENT.

Des riverains s'étaient plaints que les ouvrages de retenue de mon usine produisaient l'inondation de leurs propriétés.

C'était leur droit de faire cesser cet abus.

« Personne, dit l'article 15 de la loi du 6 octobre 1791, » ne pourra inonder l'héritage de son voisin ni lui trans- » mettre les eaux d'une manière nuisible.

» Mais, et *ce n'est là que la conséquence de l'article 15*, » les propriétaires de moulins construits et à construire » seront garants, ajoute l'article 16, de tous dommages » que les eaux pourront causer aux chemins ou aux pro- » priétés voisines. »

Or, comme c'est l'autorité judiciaire qui apprécie l'importance du dommage et fixe l'indemnité due, c'est elle seule qui doit dire si des ouvrages de retenue nuisent ou ne nuisent pas ; elle seule aussi par conséquent peut, dans un règlement, déterminer d'une manière absolue le point régulateur des eaux, c'est-à-dire celui que le propriétaire des ouvrages de retenue ne saurait dépasser sans s'exposer à des dommages-intérêts.

Cependant il faut allier cette observation, qui est de principe incontestable, avec le 2me § de l'article 16, où il est dit : « *Que les eaux seront tenues à une hauteur qui* » SERA FIXÉE *par le préfet.* »

Or, comme je l'ai expliqué dans la première partie de ce mémoire, le préfet déterminera la forme et la dimension des ouvrages de retenue, toutes les fois que cette fixation ne dépassera pas les limites de sa compétence et ne le mettra pas en opposition avec le chapitre 1er de la loi du 20 août 1790, qui lui défend de faire des règlements. C'est-à-dire que le préfet fixera le niveau des eaux quand les intéressés auront accepté ses propositions et que son opération sera non un règlement d'administration publique, mais tout simplement une convention amiable faite sous ses auspices et avec les conseils de ses ingénieurs, convention à laquelle l'article 645 du code donne, en raison de son caractère privé, le nom de règlement *particulier et local.* Tout le monde doit comprendre en effet que le préfet ne peut engager la responsabilité de personne, parce que les tribunaux ne sont pas tenus de le croire, quand, sur la foi de ses ingénieurs, il vient dire qu'un riverain fait tort à ses voisins.

Avant d'allouer une indemnité à ceux qui se plaignent, l'autorité judiciaire voudra s'assurer si le préjudice est réel; elle fera donc de son côté un règlement, et c'est celui dont l'article 457 du code pénal assurera l'exécution, sans que le tribunal chargé d'appliquer la peine ait à se préoccuper des mesures de police que l'autorité administrative aurait pu prendre dans le même but.

Mais pour que l'administration puisse faire un règlement de conciliation, il faut nécessairement que l'instruction de l'affaire soit contradictoire et que les riverains, par conséquent, se trouvent en présence de leur véritable contradicteur.

Eh bien! quand ceux-ci, au lieu de dénoncer un fait récent, laissent passer des années sans se plaindre, il peut arriver que l'usine change de mains, et cette circonstance est une complication qui fait perdre aux riverains les avantages du règlement prévu par l'article 16 de la loi de 1791, parce que l'administration ne peut inviter à se présenter devant elle que le propriétaire de l'usine.

Le droit des riverains de faire disparaître les ouvrages qui leur sont nuisibles, si toutefois ils peuvent prouver que la prescription n'est pas acquise contre eux, n'en subsiste pas moins; mais la mission de l'ingénieur se borne alors à indiquer, au moyen du repère gradué dont j'ai parlé dans l'article XVI de la première partie, l'influence des eaux sur la prairie. Le niveau auquel ces eaux peuvent être tendues ne peut alors être fixé que par l'autorité judiciaire, conformément aux prescriptions de l'article 645 du code Napoléon.

Un règlement n'étant ni une concession ni même une permission, puisque les riverains ont leurs droits écrits dans l'article 644 du code, qui leur permet d'*user des eaux* à la seule condition de ne pas détourner de leur cours ordinaire celles dont ils n'ont plus besoin, cette opération n'est à proprement parler qu'un bornage d'eau dans lequel le droit des riverains est fixé d'*une manière absolue* par l'autorité judiciaire et peut être établi *amiablement* par le préfet quand les ingénieurs sont parvenus à mettre les intéressés d'accord.

Le préfet n'intervient dans ce cas-là que pour s'assurer que les lois et règlements sur la matière sont bien observés.

C'est pourquoi le législateur, dans la rédaction de l'article 457, qui tend à protéger les propriétés riveraines, a dit : « seront punis...., etc., ceux qui auront élevé les » eaux au-dessus de la hauteur déterminée par l'*autorité* » *compétente*, » et si le législateur évite de se servir soit du terme *autorité administrative*, *soit* du terme *autorité judiciaire*, c'est parce que ni l'une ni l'autre de ces expressions n'eût été exacte, ces deux autorités pouvant, suivant le cas, être compétentes. Mais on comprend qu'elles ne peuvent l'être qu'à la condition que le règlement qu'elles feront sera de même nature ; c'est-à-dire que, pendant que les tribunaux appliqueront les titres et conventions des parties, par la raison que la rivière appartient aux riverains, l'autorité administrative n'aura pas la pensée d'intervenir par voie de règlement d'administration publique sous le prétexte que cette rivière n'est pas à eux, est chose *nullius*.

Maintenant qu'il ne peut plus, je crois, rester aucun doute dans l'opinion de personne sur l'impossibilité où était l'autorité administrative de m'imposer un règlement de pure administration, j'arrive à l'exposé des faits qui me concernent.

ARTICLE II.

RÉSULTAT DE L'INSTRUCTION ADMINISTRATIVE.

L'aspect de la prairie de Courchapon était à la vérité peu satisfaisant le jour de la visite des lieux. On remarquait des traces d'inondation à des hauteurs qu'on n'aurait jamais crues accessibles aux eaux, et cet aspect faisait contraste avec ce que les plaignants racontaient de l'état de prospérité de la prairie à une époque peu éloignée.

Le règlement d'eau, il est vrai, avait été demandé, et la visite des lieux fut faite en 1855, à la suite de deux années exceptionnellement pluvieuses et d'inondations survenues en mai et juin, qui avaient dépassé le maximum de hauteur que les eaux aient jamais atteint dans cette saison; en sorte que l'état de souffrance de la prairie, état qui se remarquait alors bien ailleurs que dans le voisinage des moulins, pouvait tenir à cette cause tout-à-fait anormale.

En effet, chacun sait que l'inondation qui fertilise les prairies quand elle se produit dans la saison d'hiver, a pour effet, quand elle a lieu à une époque où la végétation est en pleine activité, de détruire non-seulement la récolte pendante, mais encore jusqu'à la racine de l'herbe que remplace momentanément une végétation marécageuse.

C'est là une explication malheureusement trop vraie de l'état de dégradation qu'on put remarquer pendant quelque temps dans les riches bassins de l'est de la France, à la suite des grandes inondations dont je viens de parler, inondations qu'aucun travail d'art n'aurait pu prévenir.

Mais les plaignants faisaient remonter l'état de souffrance de la prairie à une date bien antérieure, et voici ce qu'ils racontaient de l'ancien état de prospérité de cette prairie et des causes de sa détérioration.

J'extrais textuellement du rapport de M. l'ingénieur ordinaire, du 7 juillet 1855, les passages suivants :

« . . . . *Tous les propriétaires affirment que*
» *depuis environ vingt ans le dépérissement de la prairie*
» *s'est manifesté très-sensiblement tous les ans, de ma-*

» *nière à passer de l'état le plus prospère à celui qu'on*
» *remarque aujourd'hui.*

» . . . . *A la même époque, affirment aussi* » *les propriétaires, le canton de Champ-de-Vaux, qui* » *forme l'origine de la prairie de Courchapon, et qui est* » *aujourd'hui dans un état complètement marécageux,* » *était la partie la plus riche et toujours très-sain.*

» . . . . *Le maire de Courchapon a répliqué,* » *au nom de tous les propriétaires de la prairie* » *submergée, qu'il y a vingt ans, lorsque la prairie* » *était dans un état notoirement excellent, le barrage du* » *moulin n'était certainement pas si élevé.*

» . . . . *A l'appui de l'exhaussement des* » *barrages vient encore un fait probant notoirement admis:* » *c'est que la prairie de Chenevrey, généralement plus* » *élevée, partant plus sèche et moins bonne il y a quinze* » *ans que celle de Courchapon, s'est améliorée au fur et à* » *mesure que celle-ci dépérissait.*

Enfin, l'avis du maire sur la deuxième enquête est terminé par cette phrase:

« *Nous demandons donc que les barrages ne causent* » *pas plus de mal qu'il y a vingt ans.* »

C'est donc un fait incontestable qu'à cette époque la partie basse de la prairie ne laissait rien à désirer, et qu'alors toute modification apportée au régime hydraulique de l'usine aurait été aussi injuste qu'inutile.

Aussi M. l'ingénieur disait-il avec infiniment de raison dans son procès-verbal de visite des lieux :

D'APRÈS LES RÉCLAMATIONS PRODUITES PAR LES PROPRIÉTAIRES INTÉRESSÉS, L'OBJET PRINCIPAL DE L'INVESTIGATION A

DU ÊTRE DE SAVOIR SI LE BARRAGE AVAIT ÉTÉ ÉLEVÉ ET A QUELLE ÉPOQUE IL AVAIT PU SUBIR CE CHANGEMENT.

ARTICLE III.

QUE C'EST A TORT QUE M. LE MINISTRE PRÉTEND QUE L'INSTRUCTION DU RÈGLEMENT D'EAU A ÉTÉ CONTRADICTOIRE ET COMPLÈTE.

Comme je venais d'acheter mon moulin au moment où on lui imposait un réglement d'eau, et qu'occupé des réparations que nécessitait l'usine proprement dite, je n'avais même pas encore eu le temps de toucher aux barrages, je dis à M. l'Ingénieur, qu'étranger à la localité, puisque j'habite à 30 lieues de là, et n'ayant même jamais vu la prairie, il ne m'était pas possible d'entamer une discussion contradictoire sur des faits que j'ignorais complètement, qui en définitive ne pouvaient engager que la responsabilité de mon vendeur.

J'ajoutais que si l'administration avait l'intention de renvoyer les riverains se pourvoir devant les tribunaux, ou tout au moins voulait surseoir à sa décision jusqu'à ce que les faits dont on se plaignait aient été éclaircis par les moyens de droit, j'attendrais que les riverains m'aient intenté une action en justice, mais que si l'autorité administrative voulait se faire elle-même juge de la question de nocuité et m'imposer un réglement d'administration publique, je citerais mon vendeur à comparaître devant elle pour que l'instruction du réglement d'eau fût contradictoire, au désir de la circulaire ministérielle du 16 novembre 1834, qui fait même de l'obligation d'entendre tous les intéressés une condition indispensable des réglements d'eau.

L'administration n'ayant tenu aucun compte de cette observation, j'appelai mon vendeur en cause ; mais, dans l'intervalle, les projets de règlement des ingénieurs (car ils n'étaient pas d'accord) ayant été soumis à une enquête dans la commune, M. l'ingénieur ordinaire disait dans son rapport sur cette enquête :

Le propriétaire du moulin, étranger à la localité et surpris par ces réclamations générales, se borne à faire connaître qu'il a appelé ses vendeurs en cause pour répondre à ces plaintes dont il n'apprécie pas très-bien les causes.

Puis l'ingénieur faisait à ce sujet la réflexion suivante :

« La réserve du propriétaire d'appeler ses vendeurs en » cause intéresse peu l'administration, » ce qui revenait parfaitement à dire que l'administration s'inquiétait peu que l'instruction fût ou non contradictoire.

Or, le piquant de l'affaire, c'est que l'administration dise aujourd'hui pour les besoins de sa cause, parce que la circulaire du 16 novembre 1834 exige que toutes les parties intéressées soient entendues : « *L'arrêté du Préfet, ayant d'ailleurs été précédé d'une instruction contradictoire et complète, ne peut être attaqué par la voie contentieuse.* »

Mais pendant que l'autorité administrative poursuivait son œuvre, voici ce que m'apprenaient les débats judiciaires auxquels avait donné lieu mon appel en cause.

C'est que, sur le refus de mon vendeur de comparaître devant l'administration et d'engager en présence de ses ingénieurs une discussion contradictoire avec les plaignants, personne ne pouvait l'y forcer, parce que cette autorité n'avait pas qualité pour trancher *souverainement* la difficulté, un règlement purement administratif étant ce qu'on appelle en droit *un fait du prince*, c'est-à-dire un événement de force majeure dont personne ne doit garantie.

Il résulte de là qu'en voulant soustraire la réclamation des riverains aux investigations de la justice et m'imposer elle-même les conditions du règlement d'eau, l'administration n'engageait nullement ma responsabilité vis-à-vis les plaignants, et il est clair qu'en cas d'infraction aux mesures règlementaires qu'elle aurait prescrites, les tribunaux de police correctionnelle n'auraient pas pu m'infliger l'amende et à plus forte raison la peine de l'emprisonnement prévu par l'article 457 du code pénal, qui tend à protéger les propriétés riveraines.

Toutefois, en ce qui concerne mon vendeur, la Cour de Besançon décidait que si j'éprouvais un trouble dans ma propriété par suite de faits de nature à justifier ce trouble, il s'agissait, pour obtenir la garantie qui est de droit, non de me prévaloir de l'opinion de l'administration, quand bien même elle tiendrait les faits pour certains, mais d'en faire moi-même la preuve devant l'autorité judiciaire.

Or le préfet ayant pris un arrêté qui, sous le prétexte de remédier aux inconvénients de l'exhaussement dont on se plaignait, me condamnait à exécuter un vannage d'une capacité de 36 mètres 60 centimètres d'ouverture libre, je formai ma demande en garantie contre mon vendeur, et cette demande donnait lieu à une enquête dont je mets plus loin les résultats sous les yeux de mes lecteurs.

Mais auparavant il est bon de jeter un coup-d'œil sur la singulière responsabilité que tendrait à m'imposer le règlement administratif, responsabilité dont l'administration centrale, sans doute, ne s'était pas rendu compte, quand elle entreprenait de soutenir devant la juridiction du conseil d'État l'œuvre de ses ingénieurs.

ARTICLE IV.

ABSURDE CONSÉQUENCE DU RÈGLEMENT D'EAU.

Mon usine a été reconstruite en 1812; je ne parle pas des barrages, l'enquête judiciaire à laquelle le règlement d'eau a donné lieu, démontre assez qu'ils ne subirent alors aucune modification, ils sont donc encore vraisemblablement dans l'état où les mit le seigneur en 1784, époque à laquelle il en changea tout-à-fait la forme et la dimension.

M. de Jallerange, qui possédait l'usine avant moi, l'avait affermée, lors de sa reconstruction, moyennant le prix de 4000 francs, qui est encore celui que donne le fermier actuel, ce qui prouve que son importance n'a pas considérablement augmenté. Seulement, dans l'année qui a précédé le règlement d'eau, j'en ai entièrement changé le mécanisme, et le résultat de cette amélioration, c'est qu'elle pourrait marcher aujourd'hui, ainsi que le constate un rapport d'expert joint au dossier, avec une chute moindre que celle qui était nécessaire à l'époque où, de l'aveu des plaignants, la partie la plus déprimée de la prairie était en même temps la plus riche.

Maintenant si on considère que de 1812 à 1852, époque de mon acquisition, l'usine n'a reçu aucune augmentation, et que si de 1812 à 1835, époque à laquelle on fait remonter le commencement des désastres de la prairie, *c'est-à-dire pendant environ 23 ans*, elle a pu marcher non-seulement sans nuire aux propriétés riveraines, mais encore pour leur plus grand avantage, puisque sans mes barrages la récolte de second foin serait à peu près nulle, on conviendra bien avec moi que je n'avais aucun intérêt, ni les riverains non plus, à ce que le mode d'écoulement des eaux fût autre qu'il n'était il y a vingt ans.

Eh bien, au lieu de chercher à remettre les choses en l'état où elles étaient alors, que font les ingénieurs?

Sans s'être assurés par les moyens de droit, ou tout au moins par *une discussion contradictoire*, si la plainte des riverains était sincère, ils viennent m'imposer, avec l'obligation de construire un vannage, la ridicule responsabilité qu'on va voir:

« *La prairie de Courchapon, de 92 hectares de super-* » *ficie environ*, dit le rapport de l'ingénieur du 7 juillet » 1855, *est très-fortement dépréciée en ce moment par les* » *eaux du moulin, sur les deux tiers de son étendue, c'est-* » *à-dire sur 60 hectares environ. Cette partie de prairie,* » *qui vaudrait 3,600 francs l'hectare si elle était saine, se* » *vendrait à peine 1,800 francs. La dépréciation est donc* » *représentée par 60 × 1,800, c'est-à-dire par 108,000* » *francs; en un mot, le moulin cause plus de mal qu'il ne* » *vaut.* »

Supposons maintenant que le meunier ait négligé de lever ses vannes en temps de crue, que la prairie ait été couverte par les eaux, comme le règlement doit avoir pour effet de ne pas remettre en question la cause du dommage, il en résulte que si l'opération administrative devait faire la loi des parties, l'autorité judiciaire ne pourrait faire autrement que d'accorder *sans contrôle*, remarquez-le bien, une indemnité aux propriétaires de ces 60 hectares; et bien mieux, si l'inondation avait causé quelque dégradation, l'emprisonnement devrait être encore, aux termes de l'article 457 du code pénal, le triste résultat de cette négligence; mais

Pourquoi en un plomb vil l'or pur s'est-il changé?

et d'où vient qu'une usine qui, il y a vingt ans, donnait à la prairie une valeur bien supérieure à la sienne, puisque la récolte de second foin de ces 60 hectares due à la fraîcheur maintenue en temps d'étiage par l'exhaussement du plan d'eau, vaut mieux que le produit de mon moulin; comment, dis-je, peut-il se faire que cette usine cause aujourd'hui plus de mal qu'elle ne vaut?

Je lisais, il y a quelque temps, dans *le Correspondant*, un mot charmant de M. le comte Jaubert.

Cet ancien ministre rappelait qu'il disait il y a vingt ans, à la Chambre des députés: « COMBIEN IL SERAIT A » DÉSIRER QUE CHAQUE RIVIÈRE REÇUT DE LA SCIENCE MODERNE, » SON INGÉNIEUR, COMME ELLE A REÇU JADIS DE LA FABLE SA » NAÏADE. »

Mais Dieu garde mon pays de la science des ingénieurs, si tout le résultat qu'elle peut avoir est de grever le propriétaire d'une usine qui anciennement existait pour le plus grand bien de la prairie, de l'absurde responsabilité dont je viens de parler.

On s'aperçoit déjà que les ingénieurs avaient été dupes et moi victime d'une intrigue sottement ourdie par quelques individus désappointés de voir leurs récoltes compromises par le dérangement des saisons, et qui avaient imaginé ce nouveau mode d'assurance contre des inondations exceptionnelles, qu'aucun travail d'art n'aurait pu prévenir.

ARTICLE V.

RÉSULTAT DE L'ENQUÊTE JUDICIAIRE A LAQUELLE LE RÈGLEMENT D'EAU A DONNÉ LIEU.

J'ai dit tout à l'heure que la Cour impériale de Besançon avait ordonné une enquête pour savoir si la plainte des riverains que les ingénieurs avaient voulu soustraire aux investigations de la justice était sincère, et voici comment cette enquête fut organisée :

Le règlement qui m'était imposé comportait un vannage d'une capacité de 32 mètres 90 centimètres d'ouverture libre, équivalant, suivant une note émanée des bureaux de l'ingénieur en chef, à un abaissement de 58 centimètres des ouvrages de la retenue. Mais comme le point le plus déprimé de la prairie proprement dite est à 67 centimètres en contre-haut de cette retenue (1), et que sa partie moyenne n'est pas à moins de 75 centimètres au-dessus, il faut en conclure que les mesures prescrites par l'arrêté préfectoral ne pouvaient pas avoir pour effet de protéger la prairie proprement dite. L'enquête ne devait donc porter que sur le canton de Champ-de-Vaux, seul lieu-dit de la prairie où se trouvent des cotes de nivellement inférieures à celles que je viens de citer.

Le périmètre dans lequel ces cotes se trouvent circonscrites comprend cinq parcelles : les Nos 191, 192, 193, 194 et 528 du plan.

Tous les propriétaires de ces parcelles qui s'étaient ren-

(1) Voir le profil N° 1 qui traverse la prairie dans toute sa longueur.

dus à l'appel de l'ingénieur et étaient venus formuler leurs plaintes le jour de la visite des lieux, furent cités à comparaître dans l'enquête judiciaire, et voici leurs dépositions que j'ai cru devoir mettre en regard des déclarations qu'ils avaient faites dans l'instruction administrative.

Première parcelle, nº 191 du plan.

La première parcelle, nº 191 du plan, appartient au maire et est portée en première classe ; ce qui me dispense de démontrer que ce champ, lors de la classification en 1820, ne laissait rien à désirer. On ne concevrait pas que sa condition fût changée, hors le cas des inondations exceptionnelles, si les barrages n'ont pas été exhaussés. Eh bien ! qu'est-ce qui prouve mieux qu'ils sont encore aujourd'hui tels qu'ils étaient alors que la déposition du propriétaire lui-même.

ENQUÊTE ADMINISTRATIVE.	ENQUÊTE JUDICIAIRE.
On lit dans le rapport de M. l'ingénieur ordinaire du 16 août 1851 : « D'après les dires de M. le » maire de Courchapon, le bar- » rage le plus près des usines au- » rait été exhaussé à plusieurs » reprises, notamment *vers* 1842 » *et* 1843, par M. de Jallerange, » précédent propriétaire. » On lit encore dans l'avis motivé du maire sur la deuxième enquête : « Anciennement on passait avec » une voiture chargée sur le grand » barrage pour défruiter les prés » du Grand-Gravier. On peut ju	Interrogé par M. le conseiller-commissaire sur ce fait d'exhaussement, M. le maire a répondu : « J'ai été absent du pays jus- » qu'en 1850, comme je l'ai dit » tout à l'heure ; je ne puis par » conséquent savoir si *en* 1842 ou » *en* 1843 le barrage a été ex- » haussé. » L'enquête judiciaire contient la déposition suivante : « J'ai entendu dire depuis mon » retour que les voitures passaient » anciennement sur le barrage » du Grand-Gravier. On était obli- » gé de les soutenir à l'aide de

ENQUÊTE ADMINISTRATIVE.

» ger maintenant que la chose est » impossible, parce que la crête » des barrages a été élevée. »

ENQUÊTE JUDICIAIRE.

» cordes et de fourches. On pla» çait même des fascines pour » soutenir la partie en contre-bas » du barrage. Dans mon opinion, » les voitures y passeraient encore » aujourd'hui à l'aide des mêmes » précautions. »

Deuxième parcelle, n° 192.

Le propriétaire de la parcelle n° 192 possède aussi le n° 196, également en nature de pré. On remarque, il est vrai, que la partie basse de cette première parcelle n'est qu'à 36 centimètres en contre-haut de la retenue; mais comme à 10 mètres de là le sol se relève déjà à 81 centimètres, et qu'à 12 mètres plus loin il se trouve à 1 m. 48 au-dessus du niveau des barrages, on peut dire avec raison que ce tènement de fonds a plus à souffrir encore de la sécheresse que de l'humidité, et que le propriétaire n'a par conséquent aucun intérêt à l'abaissement des barrages; toutefois, comme il n'assistait pas à la visite des lieux, où rien ne m'indique qu'il se soit fait représenter, il n'a pas été assigné dans l'enquête judiciaire.

Troisième parcelle, n° 195.

Cette parcelle appartient au sieur Barthelet, mais on saura que penser de la moralité de ce réclamant après avoir lu sa déposition.

ENQUÊTE ADMINISTRATIVE.

Je lis dans le rapport de M. l'ingénieur ordinaire, du 7 juillet 1855 :

« Le sieur Barthelet qui en 1813

ENQUÊTE JUDICIAIRE.

Interrogé sur ce fait d'exhaussement, ce réclamant s'est contenté de répondre :

« J'ai été fermier des proprié-

ENQUÊTE ADMINISTRATIVE.

» était au service du propriétaire » qui possédait le moulin à cette » époque, a bien expliqué d'une » manière lucide et intelligente » que, sous prétexte de réparer les » barrages, on les avait toujours » exhaussés ; mais il ne saurait » dire de combien a été l'exhaus- » sement ; toutefois, en résumant » ses souvenirs, il pense qu'il ne » serait pas de moins d'un mètre (3 pieds).

ENQUÊTE JUDICIAIRE.

» tès que M. de Jallerange pos- » sède à Jallerange pendant 20 » ans, de 1825 à 1845. Pendant » l'hiver, et dans les moments » perdus ; j'étais chargé de con- » duire des déblais à l'usine ; je » les plaçais devant le battoir, » près de la chute du barrage, où » les ouvriers les conduisaient » avec une barque ; *je ne sais pas » l'emploi qu'ils en faisaient.* »

Quatrième parcelle, n° 194.

Cette parcelle appartient au sieur Darbelet dont je mets en regard les dépositions, ce qui me dispense de toute réflexion.

ENQUÊTE ADMINISTRATIVE.

On lit dans le procès-verbal de visite des lieux :

« Le sieur Darbelet affirme qu'il » y a quinze ans environ, lors- » que les eaux affleuraient la » hauteur du barrage, elles lais- » saient aux berges de l'île des » Grands - Graviers un relief de » 4 pieds à 4 pieds et 1/2, 1 mètre » à 1 mètre 50 ; ce qui implique- » rait, depuis cette époque, au » moins un exhaussement du » barrage de 70 centimètres, etc. »

ENQUÊTE JUDICIAIRE.

Interrogé par M. le conseiller-commissaire à l'effet de savoir s'il maintiendrait sous la foi du serment la déclaration qu'on vient de lire, le sieur Darbelet a répondu :

» Je ne puis pas dire si le bar- » rage du moulin a été exhaussé ; » je n'ai à cet égard aucun fait » personnel à révéler, etc. »

Et cependant M. l'ingénieur ne trouvait pas cette déclaration exagérée. « Ces berges (celles de l'île des Grands-

» Graviers), dit-il dans son rapport, se seraient-elles » abaissées? Ce serait une atténuation de cet exhaussement; *mais cette circonstance est improbable.* »

Cinquième parcelle, n° 528.

La propriété de cette parcelle, la dernière sur laquelle je trouve des cotes inférieures à 60 centimètres en contre-haut de la retenue, appartient aux frères Liquet; comme ils n'assistaient pas à la visite des lieux, ils n'ont pas été assignés dans l'enquête judiciaire; mais voici ce qu'a répondu le sieur Cussignot, qui, m'a-t-on dit, avait affermé leur récolte de foin cette année-là.

ENQUÊTE ADMINISTRATIVE.	ENQUÊTE JUDICIAIRE.
On lit dans le procès-verbal de visite des lieux : « Sur le premier point il a été » affirmé par les sieurs Cussignot » et Darbelet (1) que, depuis 1818 » jusqu'en 1830, il avait été amené au moulin des quantités » considérables de pierres qui » avaient toujours servi à réparer » et à recharger les déversoirs, » et qu'en 1830, notamment, 12 » voitures par jour, pendant 2 » mois, avaient amené *pour cet* » *usage* 1 mètre cube chacune de » pierres au moulin. »	Interrogé sur ce fait d'exhaussement dont il précisait si bien les circonstances, ce témoin a répondu : « J'ai travaillé à différentes re» prises à l'usine de Courchapon. » J'ai été notamment employé à » combler des brèches survenues » au barrage. *Jamais, à ma con» naissance, ce barrage n'a été ex» haussé;* il me paraît être au» jourd'hui ce qu'il était autre» fois. »

D'autres témoins ont encore été entendus, parce que mon vendeur, naturellement, a tenu à ne laisser subsister aucun doute sur la fausseté du fait qui lui était imputé;

(1) Celui dont on a vu la déposition plus haut.

mais les dépositions de ces témoins, qui sont tous venus déclarer unanimement que les barrages n'avaient point été exhaussés, n'ajouteraient rien à la valeur des aveux de réclamants compromis par des déclarations précédentes, mais chez qui le cri de la conscience, plus fort que l'intérêt, a amené la rétractation de faits trop légèrement avancés et malheureusement aussi trop facilement acceptés comme vrais.

ARTICLE VI.

DE LA CONDUITE DES INGÉNIEURS EN PRÉSENCE DES FAITS RÉVÉLÉS PAR L'ENQUÊTE JUDICIAIRE.

La jurisprudence actuelle sans doute est fâcheuse, en ce qu'elle reconnaît à l'autorité administrative le droit de faire sur les cours d'eau du domaine des riverains des règlements de pure administration, qui, aux yeux des tribunaux, n'ont aucune valeur, parce que, comme je l'ai déjà dit plusieurs fois, des règlements de cette nature peuvent bien engager la responsabilité des particuliers envers l'État, mais ne sauraient lier les particuliers entre eux, comme pourrait le faire une convention privée ou un jugement.

Toutefois, le correctif de cette jurisprudence se trouve dans les instructions ministérielles, qui, si elles sont scrupuleusement observées, ne permettent guère aux agents de l'administration de faire autre chose que des règlements de leur compétence, c'est-à-dire des règlements de conciliation. Ainsi, bien loin que l'instruction du 23 octobre 1851 fasse aux préfets une obligation de réglementer les usines qui ne sont pas autorisées par l'administration, elle leur dit au contraire :

« Je vous recommande *expressément*, M. le préfet, de » n'ordonner qu'avec une très-grande réserve le règlement » d'office des usines existantes ; il convient que l'adminis- » tration s'abstienne lorsque son intervention n'est pas » réclamée et surtout lorsqu'il s'agit d'établissements an- » ciens qui ne donnent lieu à aucune plainte. »

Mais si d'une part il est nécessaire que le règlement qui doit donner satisfaction aux plaintes que peut faire naître l'emploi des eaux, tombe sous l'application de l'article 457 du code pénal, et si, d'autre part, cet article ne s'applique qu'aux règlements de conciliation ou à ceux faits par l'autorité judiciaire, ne voit-on pas que la circulaire du 23 octobre 1851, en rappelant à l'administration *que les questions de propriété d'usage et de servitude sont soumises aux règles du droit commun*, lui fait un devoir de renvoyer les parties devant l'autorité judiciaire quand elle n'a pu les mettre d'accord.

Eh bien ! dans l'affaire qui me concerne, c'est quand les riverains ont formulé leur plainte de la manière la plus claire, en attribuant à un fabuleux exhaussement la détérioration de leur prairie qui, 20 ans auparavant, se trouvait, selon eux, *dans l'état le plus prospère ;* c'est alors, dis-je, que, sur une simple présomption d'exhaussement (1), l'ingénieur en chef propose d'ajouter aux moyens de décharge de mon usine un vannage dont la capacité (*52 m. 90 cent. d'ouverture libre*) ne contraste pas mal

(1) L'ingénieur en chef avoue lui-même dans son avis du 6 juin 1856 qu'on n'a pu déterminer la hauteur de cet exhaussement.

avec celle du vannage imposé dans le même temps par l'administration de la Haute-Saône à l'usine immédiatement inférieure, celle de Bannes, dont les vannes ne présentent qu'une *surface libre de 2 m. 88 cent.*, bien que les barrages aient été maintenus à la même hauteur.

Une pareille disproportion accuserait déjà une fabuleuse exagération de la part des ingénieurs du Doubs; mais quand l'enquête judiciaire est venue réduire à néant la plainte des riverains, ces ingénieurs n'en ont pas moins maintenu leurs propositions, et cela par un motif qu'on aura peine à croire.

« Cette enquête, est-il dit dans le rapport de l'ingénieur » ordinaire du 6 janvier 1859, révéla plusieurs contra- » dictions dans les dépositions des témoins, *mais il n'a » pu être établi que, lors des réparations, les barrages de » l'usine avaient été maintenus avec la même hauteur qu'ils » avaient précédemment.* »

En vérité, est-il possible d'apporter une plus pitoyable raison à l'appui d'une plus mauvaise cause! Je voudrais bien savoir si, en supposant le réglement exécuté conformément aux projets et devis de l'administration, l'autorité judiciaire se contenterait, en cas d'infraction à cette mesure de police, du motif qu'on vient de voir pour accorder aux propriétaires des 60 hectares que le règlement suppose avoir à souffrir de l'absence d'un vannage, les dommages-intérêts qu'il leur plairait de demander.

Les résultats de l'enquête judiciaire devaient ouvrir les yeux à tout juge impartial; aussi M. le préfet du Doubs écrivait-il, le 30 janvier 1857, à M. l'ingénieur en chef:

» *Il est constant que les plaintes qui ont motivé la régle-*

» *mentation intervenue se trouvent bien infirmées par les*
» *déclarations reçues postérieurement et qui tendent à éta-*
» *blir que la hauteur des retenues d'eau n'a point été*
» *modifiée. Il importe, quoi qu'il en soit, de couper court*
» *à ce débat.* »

Que répond M. l'ingénieur en chef à cette invitation pressante de fixer son attention sur les résultats de l'enquête judiciaire ?

Rien, absolument rien.

Dans son avis du 9 mars, ce chef de service se garde d'aborder cette question brûlante, dont l'examen ne pouvait être qu'une sévère critique des mesures réglementaires qu'il avait trop légèrement proposées. Aussi ne voit-il aucune observation à ajouter au rapport d'un jeune ingénieur nouvellement en fonction, qui n'a pas fait le règlement d'eau et qui n'entre nullement dans la discussion de l'enquête dont il n'a pas même l'air de comprendre la valeur (1), mais qui, en revanche, commet des erreurs de calculs et d'appréciation dont on va tout de suite saisir la portée.

ARTICLE VII.

COMMENT L'ADMINISTRATION CENTRALE A ÉTÉ INDUITE EN ERREUR.

J'étais en instance auprès de l'administration centrale quand les résultats de l'enquête judiciaire furent connus. Or, comme dans l'entraînement et la multiplicité des affaires qui lui sont soumises la section des ponts et chaussées ne

(1) L'observation de cet ingénieur que j'ai citée plus haut est postérieure de deux ans au rapport qui a suivi l'enquête.

peut pas s'appesantir beaucoup sur les règlements qu'elle a à examiner, comme elle n'a réellement pas le temps de procéder à une instruction approfondie de l'affaire, elle se fait ordinairement adresser un rapport sur l'ensemble des opérations, la nature et le mérite des réclamations, et rarement sa décision est contraire aux propositions des ingénieurs, qui lui inspirent naturellement plus de confiance que les calculs et les observations des réclamants.

Aussi ne faut-il pas s'étonner si elle prête généralement peu d'attention aux moyens de défense que ceux-ci peuvent faire valoir.

C'est ce qui est arrivé dans l'affaire qui me concerne et ce qui explique les erreurs que je vais signaler dans la décision ministérielle.

« En réponse à ces mémoires (ceux que j'avais pro-
» duits), est-il dit dans cette décision, on voit par les rap-
» ports de MM. les ingénieurs des 4 et 9 mars 1857 :

» *1° Que l'administration n'a pas à s'enquérir si le*
» *barrage a été ou non relevé, mais seulement si dans son*
» *état actuel il peut nuire aux propriétés riveraines.*

» *2° Qu'il existe des surfaces importantes qui ne sont*
» *qu'à 16 centimètres en contre-haut de la retenue.* »

Or, cette dernière assertion est le trait de lumière jeté sur la légèreté du travail des ingénieurs, comme l'enquête judiciaire est le trait de lumière jeté sur l'injustice des réclamations qui se sont produites.

Aussi quand l'administration centrale voudra vérifier les calculs qui lui ont été fournis et dont elle fait la base de ses appréciations, elle verra que, bien loin qu'il existe des surfaces importantes à 16 centimètres seulement au-dessus de la retenue, il n'y a pas même d'étendue de terrain appréciable au-dessous de 40 centimètres en contre-haut de cette retenue.

Mais M. le ministre est-il plus dans le vrai quand il prétend, *toujours sur la foi de ses ingénieurs*, « que l'administration n'a pas à s'enquérir si le barrage a été ou non relevé? » On voit par cette phrase, extraite textuellement du rapport qu'il s'était fait adresser, que non-seulement les révélations de l'enquête judiciaire ne servent à rien, mais même que tout le bénéfice de l'instruction faite sur les lieux est perdu par la faute d'un jeune ingénieur, qui devait cependant mettre d'autant plus de soins à rechercher les circonstances de nature à influer sur la décision ministérielle qu'il n'avait pas fait le règlement d'eau. Eh bien! au lieu de consulter les documents qu'il avait entre mains, cet agent de l'administration va chercher sa raison de décider dans de vagues considérations, telles que celles-ci :

« L'administration conserve toujours le droit de réglementer une usine, afin de faire cesser les désordres qui surviendraient dans le régime des eaux, lors même que ces désordres ne proviendraient pas des entreprises de l'usinier, de l'exhaussement de ses barrages, *mais d'un changement naturel indépendant de ses travaux.* » (Rapport du 4 mars 1857.)

Rien dans l'instruction administrative n'indiquait que ce changement ait eu lieu ; aussi il est bien évident que cette observation n'avait pour but que de justifier au besoin la dimension exorbitante du vannage qui avait été adopté par le préfet sur les instances de l'ingénieur en chef, dimension hors de toute proportion avec les exhaussements qui auraient pu avoir lieu.

Or, qu'est-il arrivé? C'est que l'administration centrale, s'imaginant sans doute que les ingénieurs n'avaient ouvert à l'eau des débouchés aussi considérables que parce qu'il était survenu dans le cours naturel de la rivière quelque grande perturbation de nature à rendre inutile une partie des ouvrages actuels de la retenue, décidait qu'en effet il y avait lieu de changer le mode d'écoulement des eaux de mon usine; qu'elle devrait être à l'avenir pourvue d'un vannage, et qu'en conséquence la longueur des barrages pourrait être réduite de **114** mètres à **40**, parce que dans ce système de vannage et barrage combinés, qui est celui employé de nos jours, l'instruction ministérielle du **23** octobre **1851** n'exige pas que le déversoir ait plus d'étendue que la largeur moyenne du cours d'eau.

Maintenant, dans un esprit de sollicitude bienveillante pour moi que je ne saurais méconnaître, l'administration centrale décidait encore qu'on se contenterait, au moins à titre d'essai, du vannage proposé par l'ingénieur ordinaire, attendu que cet ouvrage d'art étant moitié moins considérable que celui proposé par l'ingénieur en chef, devait présenter pour moi une notable économie, qui méritait d'être prise en considération en raison de la faculté réservée, disait la décision ministérielle, à l'autorité administrative de modifier plus tard ses dispositions, si elles étaient reconnues insuffisantes.

Mais c'était-là une décision prise tout-à-fait à côté et en dehors de la question, parce que l'administration centrale, mal édifiée sur les faits recueillis dans l'instruction administrative et contrôlés par l'enquête judiciaire, ignorait les seules choses essentielles à savoir :

1° *Qu'aucun changement n'était survenu dans le cours naturel des eaux ;*

2° *Que les barrages se trouvaient encore tels qu'ils étaient à l'époque où personne ne songeait à se plaindre.*

De là il résulte que la décision dont est appel est injuste jusque dans ses dispositions les plus bienveillantes pour moi, et se trouvait en opposition formelle avec les prescriptions de la circulaire du 23 octobre 1851.

Ainsi, par exemple, c'est pendant que cette circulaire recommande expressément aux ingénieurs *de tenir compte*, dans le règlement des anciennes usines, *des ouvrages existants et de s'efforcer de les conserver*, que M. le ministre remplace par un vannage ceux qui existent à Courchapon, et m'accorde en conséquence la faculté de réduire de 114 mètres à 40 l'étendue de mon déversoir, comme si cette réduction, qui n'aurait eu d'autre résultat que de rendre inutiles des ouvrages considérables, pouvait m'être de quelque profit.

Mais quelque préjudiciable que pût être pour moi cette disposition de la décision ministérielle, c'était-là encore le moindre de ses inconvénients, et l'excès de pouvoir que commettait l'administration en voulant modifier un état de choses établi sous l'empire des lois féodales, m'oblige à retracer ici en quelques mots les avantages que présentait, au point de vue de la police des eaux, le mode d'établissement des usines sous l'ancien régime et le danger qu'il y a de lui substituer le mode actuel.

ARTICLE VIII.

DES AVANTAGES QUE PRÉSENTAIT LE MODE D'ÉTABLISSEMENT DES USINES SOUS L'ANCIEN RÉGIME, ET DU DANGER QU'IL Y A DE LUI SUBSTITUER LE MODE ACTUEL.

Les seigneurs, sous l'ancien régime, exerçaient un droit de libre disposition des eaux, que l'article 206 de la coutume de Normandie expliquait en ces termes :

« *Le seigneur peut détourner l'eau courante en sa terre (1),* » *pourvu que les deux rives soient assises en son fief, et* » *qu'au sortir d'icelui il les remette en leur cours ordinaire.* »

Mais ce droit du seigneur, anciennement connu sous le nom de domaine direct ou de supériorité du fief, ayant été réuni par les lois abolitives de la féodalité au domaine utile des riverains, les rédacteurs du code Napoléon n'eurent rien de mieux à faire pour établir le droit des propriétaires riverains sur les cours d'eau non-navigables que de copier à peu près textuellement l'article 206 de la coutume de Normandie, et par le fait l'article 644 du code en est la reproduction assez exacte.

« *Celui*, dit cet article, *dont la propriété borde une eau* » *courante autre que celle qui est déclarée dépendance du* » *domaine public, peut s'en servir à son passage pour l'irri-*

(1) Cette expression et d'autres semblables ont fait supposer à quelques auteurs que les seigneurs exerçaient sur les eaux un véritable droit de propriété : mais, en étudiant l'esprit des institutions féodales, on voit que ce droit n'était que le pouvoir réservé aux seigneurs de disposer, non pour leur utilité particulière seulement, mais dans l'intérêt général de leur fief, des eaux qui ne pouvaient être utilisées qu'à l'aide d'un grand concours de bras, c'est-à-dire au moyen des corvées dont disposaient ces propriétaires de fiefs.

» *gation de ses propriétés. Celui dont cette eau traverse l'hé-*
» *ritage peut même en user dans l'intervalle qu'elle y parcourt,*
» *mais à la charge de la rendre, à la sortie de son fonds, à*
» *son cours ordinaire.* »

AINSI DONC, PAS PLUS QUE LE ROI N'AURAIT PU AVANT LA RÉVOLUTION EXERCER UN POUVOIR ABSOLU OU DISCRÉTIONNAIRE SUR LE DROIT DU SEIGNEUR, PAS PLUS AUJOURD'HUI L'ADMINISTRATION NE POURRAIT EXERCER UN SEMBLABLE POUVOIR SUR LE DROIT DU RIVERAIN.

Seulement, comme le cercle dans lequel le riverain peut se mouvoir est plus étroit que celui dans lequel le seigneur pouvait agir, puisqu'une propriété n'a pas l'étendue d'un fief, le mode d'emploi des eaux ne saurait être le même aujourd'hui qu'autrefois, et on doit ajouter que cette différence n'est pas à l'avantage du régime actuel. On va comprendre tout de suite ce que les institutions féodales avaient de préférable.

La chose la plus essentielle, quand on crée un établissement hydraulique et qu'on change par conséquent le niveau des eaux d'une rivière, c'est de prendre toutes les précautions nécessaires pour que ce changement n'occasionne pas des inondations dans les crues de pleins-bords de la rivière.

Bien qu'anciennement les seigneurs n'eussent pas d'ingénieurs à leur disposition, leur méthode pour parer au danger des inondations était cependant infiniment plus sûre que celle actuellement employée.

Lorsqu'un seigneur faisait construire une usine, il établissait, autant que la nature des lieux et l'étendue de son fief le comportaient, un large canal de dérivation, qui recevait en partie les eaux de la rivière et venait les déverser latéralement sur des barrages dont la longueur, y compris l'étendue de ceux en lit de rivière, était calculée de manière à fournir au-dessous du niveau des terres riveraines une lame d'eau égale au volume des eaux de pleins-bords de la rivière. Ainsi le déversoir, suivant la rapidité du courant et aussi suivant la chute qu'on désirait obtenir, pouvait avoir une longueur égale à quatre ou cinq fois la largeur du cours d'eau.

On voit dans un ancien traité de l'établissement des usines, par Rivola, ingénieur italien, que le débit des eaux ne pouvant jamais être calculé exactement (car c'est une utopie des ingénieurs actuels de croire qu'ils obtiennent des résultats satisfaisants), le canal de dérivation d'une usine devait toujours être établi de manière à comporter l'allongement du déversoir, dans le cas où il serait nécessaire par la suite de lui donner plus d'étendue pour parer au défaut d'écoulement des eaux.

C'est grâce à cette méthode si simple qu'anciennement, sur les grandes rivières, bien que les ouvrages de retenue fussent pour la plupart dépourvus de vannages, le danger des inondations disparaissait presque aussitôt qu'il s'était manifesté; il suffisait d'allonger le déversoir pour donner satisfaction aux intérêts en souffrance.

Mais pour établir un canal de dérivation il fallait pouvoir disposer des terres riveraines, et pour en disposer il fallait un motif d'utilité publique. Or, ce motif se trouvait dans la nécessité d'avoir des moulins qu'on appelait alors *usines banales*, c'est-à-dire soumises au ban ou autorité du seigneur. Sous l'ancien régime la banalité des rivières et des moulins n'était donc point un abus, puisqu'elle était le seul moyen d'utiliser un des éléments les plus précieux que Dieu ait mis à notre disposition.

Mais aujourd'hui que le riverain ne peut disposer que de son fonds et que l'administration ne peut disposer des fonds de personne, il faut convenir que si l'émancipation de la propriété a ses avantages, elle a aussi de graves inconvénients, parce que, réduit à ses propres forces, le riverain ne peut plus rien entreprendre de grand, de sérieux, de conforme en un mot à la destination providentielle des eaux.

Ainsi, par exemple, un canal de dérivation qui est presque toujours nécessaire pour donner aux barrages une grande étendue, ne peut plus s'exécuter maintenant que dans de très-rares circonstances, celles où le riverain est propriétaire d'une assez grande surface de terrain pour établir ce canal sur sa propriété, ou bien dans le cas où il a obtenu de ses voisins le consentement de diriger les eaux à travers leurs fonds, ce qui comporte des arrangements toujours fort difficiles.

En raison de cette difficulté la plupart des riverains qui créent aujourd'hui des usines sont obligés de les établir en lit de rivière, et alors il faut suppléer à la longueur du déversoir, qui ne s'obtient qu'au moyen d'un canal de dérivation, par des vannes de fond, qui, dès que la rivière arrive à pleins bords, doivent être manœuvrées de manière que les eaux ne dépassent pas ce niveau.

L'immence avantage qu'offrait le régime féodal sur le régime actuel ressort d'une manière trop évidente pour qu'on puisse regarder comme une usurpation le pouvoir des seigneurs et la disposition des coutumes qui avaient rangé dans leurs attributions la faculté de disposer, non pas seulement des cours d'eau, ce qui n'aurait pas servi à grand'chose, mais des terres à travers lesquelles il était convenable de les diriger.

L'idée des vannages, sans doute, n'est pas nouvelle. Anciennement, quand les seigneurs étaient gênés par des accidents de terrain ou par le peu d'étendue de leurs fiefs (car ils ne pouvaient non plus entreprendre sur les fiefs de leurs voisins), ils étaient quelquefois obligés d'y avoir recours. Mais ce n'était jamais qu'à défaut de pouvoir donner au déversoir une longueur suffisante, parce qu'étant les plus intéressés à éviter les inondations en raison de ce qu'ils possédaient la plus grande partie du territoire, ils se souciaient peu d'un système qui nécessitait l'intervention de l'homme et laissait pour ainsi dire les terres riveraines à la merci d'un meunier négligent.

Comprend-on maintenant que si l'administration venait à remplacer sans nécessité une partie de mon déversoir par un vannage, elle substituerait au moyen d'écoulement naturel de mes eaux un moyen artificiel, et prendrait par conséquent une mesure qui n'aurait d'autre résultat que d'augmenter le danger des inondations et de m'imposer une responsabilité que je n'avais pas.

ARTICLE IX.

INCONVÉNIENTS DU RÈGLEMENT QUI M'ÉTAIT IMPOSÉ PAR L'ARRÊTÉ PRÉFECTORAL DU 6 FÉVRIER 1856.

Après avoir expliqué comment l'administration centrale avait été amenée, dans l'affaire qui me concerne, à prendre une décision si contraire aux véritables intérêts de la localité, il me reste à démontrer quels auraient été les fâcheux résultats du règlement qu'avait annulé la décision ministérielle. Tout le monde comprendra en effet combien il importe, à une époque où on s'occupe de la confection d'un nouveau code rural, d'appeler l'attention du conseil d'État et de nos Assemblées législatives sur les inconvénients de toute nature que peut présenter le mode actuel de réglementation des usines.

L'ingénieur en chef du Doubs, qui est l'auteur du projet de règlement que j'ai à examiner, dit dans son avis du 22 septembre 1855 :

« *Le débit de pleins bords des eaux de l'Ognon, aux* » *abords de l'usine de Courchapon, calculé aussi exactement* » *que possible, est d'environ 150 mètres par seconde.* »

Après avoir ainsi apprécié le volume des eaux de pleins bords, ce chef de service dit dans son avis du 28 janvier 1856 :

« *Le niveau légal étant à 0 m. 16 cent. au-dessus de* » *la retenue légale, si les ouvrages de la retenue de l'usine* » *ne formaient pas un obstacle à l'écoulement des eaux, le* » *bras de l'Ognon dont il s'agit pourrait débiter, par la* » *section minimum, profil* VI, *un volume de plus de 160 mètres* » *par seconde.* »

Or, cette section minimum ne comporte, d'après les cotes de ce profil, y compris le produit de 0 m. 16 cent. au-dessus de la retenue, qu'une surface libre de 47 mètres 80 centimètres.

Cependant si, en raison de la rapidité du courant en cet endroit, une ouverture de 47 m. 80 était dans le cas de débiter 160 mètres cubes d'eau par seconde, c'est-à-dire 30 mètres de plus que le volume des eaux de pleins bords, n'est-il pas évident qu'un vannage en tête de cette section, qui aurait, en y ajoutant aussi le produit de 16 cent. au-dessus de la retenue, une capacité de 36 mètres 15 cent., suffirait presque au débit des 130 mètres cubes qu'il s'agit d'écouler ?

Mais ce n'est pas tout : l'ingénieur en chef exigeait encore qu'en raison de la place occupée par le vannage, le barrage fût prolongé à nord-est de manière à lui maintenir sa longueur actuelle ; or, si l'arrêté du préfet du 15 février 1856, en tout conforme à ces propositions, avait reçu son exécution, mon usine se trouverait aujourd'hui en mesure d'écouler, par deux moyens de décharge différents, près de deux fois le volume des eaux de pleins bords de la rivière.

Le premier de ces moyens, qui est sans contredit le plus sûr de tous, puisqu'il a été sanctionné par l'expérience, consiste en un déversoir formé de trois barrages et ayant une étendue de 114 mètres.

Le second consiste en un vannage qui, à lui seul, comme on vient de le voir, suffirait presque à l'écoulement des eaux.

C'eût été, on en conviendra, un luxe passablement coûteux et parfaitement inutile de posséder, un double moyen de parer à l'inconvénient des crues de pleins-bords.

Aussi l'administration centrale faisait-elle justice de cette singulière réglementation en réduisant le vannage de moitié et le barrage de près des deux tiers (1).

(1) C'est-à-dire en adoptant le projet de règlement de l'ingénieur ordinaire, et en réduisant de 114 mètres à 40 l'étendue du déversoir.

Mais cette réduction ne serait-elle pas trop forte, et l'ingénieur en chef aurait-il donc commis des erreurs de calculs et d'appréciations si énormes, qu'avec des orifices de décharge plus de moitié moins considérables on pût arriver au même résultat, celui d'écouler les eaux de pleins bords de la rivière? Il serait permis d'en douter; mais ce qui ne peut faire l'objet d'un doute, et ce que les ingénieurs devaient prévoir, c'est l'effet que produirait infailliblement la manœuvre d'un vannage d'une capacité de 32 m. 90 cent. ajouté aux moyens de décharge que possède déjà mon usine.

Si on fait attention, comme je l'ai déjà dit, que le déversoir de l'usine inférieure, celle de Bannes, a été maintenu à la hauteur qu'il avait précédemment, et que le vannage imposé à cette usine par les ingénieurs de la Haute-Saône ne présente qu'une surface libre de 2 m. 88 cent., on concevra sans peine que, si mon meunier venait à manœuvrer ses vannes au moment où les eaux atteignent le niveau de pleins-bords de la rivière, il produirait nécessairement l'inondation de la prairie d'aval, en jetant tout-à-coup sur cette prairie un volume d'eau que les orifices de décharge de l'usine inférieure seraient incapables de débiter.

Mais si, en raison de cet inconvénient, je préférais à l'établissement d'un vannage l'abaissement de mes barrages, et qu'on me forçât à les déraser de 58 centimètres (1), qu'en résulterait-il? une action d'un nouveau genre

(1) C'est, suivant une note émanée des bureaux de l'ingénieur en chef et jointe au dossier, le point auquel il faudrait réduire mes ouvrages de retenue, si je préférais l'abaissement de mon niveau d'eau à l'établissement d'un vannage.

intentée à l'administration, mais dont tout le monde pourtant comprendra la valeur.

On a remarqué en effet dans le rapport de l'ingénieur ordinaire, du 25 juillet 1855, le passage suivant :

» *A l'appui de l'exhaussement des barrages vient encore*
» *un fait notoirement admis, c'est que la prairie de Chè-*
» *nevrey, généralement plus élevée, partant plus sèche et*
» *moins bonne, il y a quinze ans, que celle de Courchapon,*
» *s'est améliorée au fur et à mesure que celle-ci dépérissait*
» *sous l'influence de l'humidité.* »

Or, l'ingénieur en chef est-il bien sûr que cet exhaussement ait eu lieu ? C'est lui-même qui nous fait part de ses doutes à cet égard, quand il dit dans son avis du 6 juin 1856 :

« *On n'a pu constater la hauteur de cet exhaussement,*
» *mais il est évident que, n'eût-il été que de un ou deux*
» *décimètres seulement, l'inconvénient d'abord peu sensible*
» *d'un barrage sans vannes de fond a pu devenir intolérable*
» *par suite de cet exhaussement.* »

Mais si les plaignants ont impudemment menti, si les barrages sont encore tels qu'ils étaient il y a quinze ans, de quel droit l'administration pourrait-elle prendre des mesures de nature à rendre plus sèche encore une prairie qui l'était déjà trop à l'époque dont je parle, et détruire d'un coup toute la récolte de second foin ?

Si tout le monde doit s'incliner devant une décision de l'autorité judiciaire qui constate un exhaussement, parce que cette autorité, à qui l'administration doit au besoin prêter le concours de ses lumières, a par devers elle tous les moyens d'arriver à la connaissance de la vérité, de quel droit les propriétaires de la prairie de Chenevrey s'inclineraient-ils devant une décision basée sur un fait dont les agents de l'autorité administrative reconnaissent eux-mêmes leur impuissance à constater l'exactitude ?

On voit par là que le déversoir d'une usine n'est pas toujours la propriété exclusive de l'usinier, et qu'il peut exister sur les travaux d'art en lit de rivière des droits et servitudes dont le cadre restreint de cette brochure ne me permet pas de déterminer ici les règles.

Ces règles sont établies dans le chapitre 2 du livre III de l'ouvrage qui va paraître incessamment, et est intitulé: *De la condition des eaux courantes, navigables et non navigables, depuis l'abolition du régime féodal.*

ARTICLE X.

DE LA PART DE RESPONSABILITÉ QUI INCOMBE AU PRÉFET DANS L'AFFAIRE DU RÈGLEMENT D'EAU DE MON USINE.

On peut remarquer, dans le rapport de l'ingénieur ordinaire sur les résultats de l'enquête à laquelle furent soumises les mesures réglementaires adoptées par l'administration centrale, la réflexion suivante :

« Le sieur de Lagénardière ne consigna aucune obser-
» vation au registre d'enquête qui fut clos le 22 avril 1858.
» Ce n'est que plus tard et *sur l'invitation* de M. le préfet
» que le sieur de Lagénardière fournit ses réclamations
» sous forme de mémoires... Ces mémoires ont été admis
» *par tolérance* après l'expiration du délai d'enquête, etc. »

Cela est vrai, car M. le préfet m'écrivait le 11 mai 1858:

« *Par sa décision du 6 janvier dernier, Son Excellence*
» *M. le ministre de l'agriculture et du commerce a prescrit*

» *une nouvelle étude des conditions réglementaires du régime*
» *des eaux de votre moulin..... Je viens donc vous donner*
» *avis que le dossier de l'affaire sera tenu à votre disposition*
» *jusqu'au 25 mai courant, à la préfecture, etc...* »

Pourquoi cette faveur? C'est que M. le préfet était convaincu que les mesures prises à mon égard étaient injustes et que la religion de M. le ministre avait été surprise.

Les ingénieurs ne se soucièrent pas, et j'en ai suffisamment indiqué le motif, de faire une nouvelle étude des conditions réglementaires de mon usine; mais, comme il répugnait au caractère et à la conscience de l'ancien préfet de prendre une décision contraire à l'opinion qu'il avait manifestée sur l'enquête judiciaire, l'affaire resta encore près de six mois sans solution, bien que le réglement d'eau fût commencé depuis quatre ans.

Mais cet administrateur ayant été remplacé, il était donné à un nouveau préfet, qui n'avait point pénétré les mystères de cette ténébreuse affaire, d'assumer la triste responsabilité d'une mesure dont on ne sera pas peu surpris de lire le principal considérant:

« *Attendu*, est-il dit dans l'arrêté préfectoral, *que les*
» *raisons invoquées par l'usinier dans ses mémoires*
» *avaient été appréciées lors de la première instruction de*
» *l'affaire, etc....* »

Or, c'est précisément là ce que l'ancien préfet ne voulait pas admettre, et pour bonne cause, comme on vient de le voir.

Mais la conduite de son successeur en cette circonstance ne justifie-t-elle pas trop bien les appréhensions que témoignait Napoléon Ier à l'endroit de l'administration, quand, dans la discussion de son conseil d'État sur la loi des mines, il s'élevait contre le pouvoir discrétionnaire que le projet de loi tendait à conférer à l'autorité administrative, en disant :

« QU'IL SERAIT A CRAINDRE QU'UN MINISTRE OU UN PRÉFET
» ADOPTAT SANS EXAMEN LES PROCÈS-VERBAUX D'UN INGÉNIEUR
» PASSIONNÉ OU HAINEUX (*voy. Locré, t. IX, p. 181*). »

Or, tout le monde comprend ce qui peut mettre dans le cœur d'un ingénieur la passion et la haine, c'est ce sentiment malheureusement trop naturel à l'homme de défendre son œuvre.

Il est clair que si un agent de l'administration se trouve dans la dure nécessité de se prononcer sur ses propres actes, jamais il n'avouera qu'il a agi inconsidérément ; et, s'il n'est que trop vrai que les préfets pour la plupart ne sont pas à même de contrôler le travail de leurs ingénieurs, et que l'administration centrale n'a pas le temps d'étudier convenablement l'affaire, on conçoit parfaitement que le bon droit puisse facilement être sacrifié à une question d'amour-propre.

Ici on touche au doigt le vice de la jurisprudence administrative. N'est-il pas déplorable en effet que plus de six années de luttes et d'efforts n'aient pu, jusqu'ici, aboutir qu'à paralyser l'action des ingénieurs, sans que j'aie pu encore obtenir raison de leur incroyable persistance auprès de l'administration, pour me forcer à exécuter des travaux qui ne sauraient constituer un règlement d'eau ?

TABLE DES MATIÈRES.

PREMIÈRE PARTIE.

Commentaires des Lois que l'Administration invoque à l'appui de son Règlement d'eau.

DEUXIÈME PARTIE.

Examen du Règlement d'eau de l'usine de Courchapon.

FIN.

SOUS PRESSE

Pour paraître incessamment :

DE LA CONDITION DES EAUX COURANTES,

DEPUIS L'ABOLITION DU RÉGIME FÉODAL,

2 vol. in-8°.

COURS COMPLET DE LA LÉGISLATION DES COURS D'EAU

NAVIGABLES ET NON NAVIGABLES.

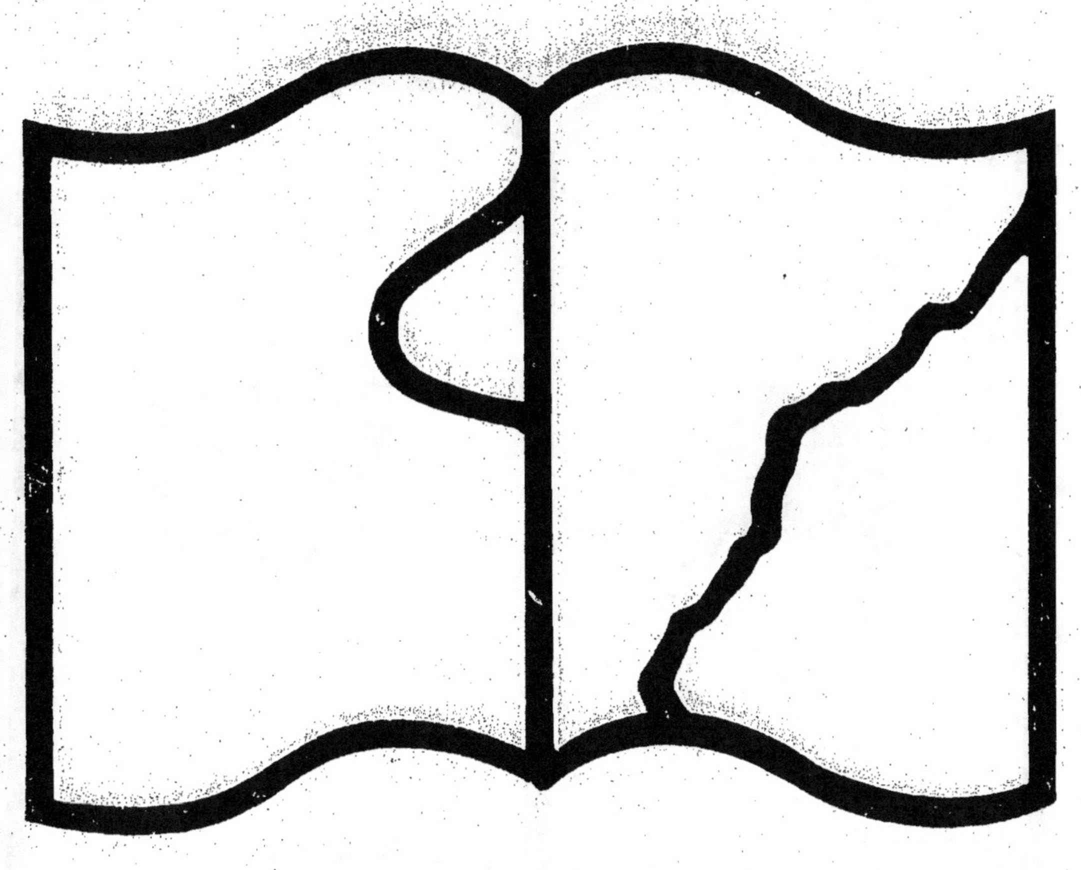

Texte détérioré — reliure défectueuse

NF Z 43-120-11

Contraste insuffisant

NF Z 43-120-14

www.ingramcontent.com/pod-product-compliance
Lightning Source LLC
LaVergne TN
LVHW020411230826
846091LV00004B/1234
9782013356114